改變自己的藝術

22則讓生命轉變的哲學練習題

Die Kunst, sich zu verändern

哈洛德・柯依瑟爾 Harald Koisser —— 著

莊雅棉 —— 譯

獻給正要展翅高飛的卡洛琳娜

【專文導讀】

蝴蝶、卡夫卡與身體——邁向幸福人生的哲學練習

耿一偉

能改變的人才是藝術家，但不是人人都有能力或需要改變，就看你自己的選擇。但是當了改變的藝術家後，會有甚麼變化，我建議大家不妨上本書作者哈洛德·柯依瑟爾的個人官網（www.koisser.at）瞧瞧，他一張開懷大笑的幸福臉龐，就知道善於改變的他，真的過得很不錯。在網站的首頁選項，我們可以知道他擁有藝術家、作家、音樂家、劇場創作者等多重身分。柯依瑟爾是真的實踐改變自己的藝術，確認有實證功效後，才與讀者分享這件茲事體大的人生哲學。

我在書中看到有一個將過去寫在紙上並燒掉的練習。對我來說，這種練習是很熟悉的，因為在劇場裡，也會有類似的技巧來協助演員進入排練或新的角色。但不知為何，我的腦海立刻浮現印度靈修大師奧修的《靜心觀照》一書。我馬上翻到書末的參考書目，果然看到奧修的名字。實際上，本書最後一則〈改變十大金句〉的第一句「未來不是被延長的過去」，作者在解釋時，就引用了奧修的話語。

如果說《改變自己的藝術》在底蘊上，是有著新世紀宗教的靈性氣質，但在整本書的寫作策略上，第一個特色是鄙棄過度玄學的虛幻色彩，採用了各種科學的實證與理論，來解釋改變的現象，說服讀者接受改變的來臨。這包括從生物學、物理學、經濟學到心理學，幾乎每一則都會引用一些最新的科學發現來佐證。

我認為最重要的一個科學佐證，並作為本書在文學修辭上的主要隱喻，是第五則〈只有瘋子才能入場〉裡，關於毛毛蟲轉變成蝴蝶過程的討論。這個說明強調了在結蛹之後，會出現新的成蟲細胞，毛毛蟲免疫系統將這些細胞視為外來之物而加以抗拒，但隨著成蟲細胞逐漸增多，在某一瞬間，所有的細胞會接受成蟲細胞所帶來的更高的存在狀態，開始全力支持這個成為蝴蝶的轉變。

如果化蛹成蝶用來證明的改變必然現象的基本證明。那麼卡夫卡的短篇小說〈法的門前〉則是用來處理複雜度更高的難題——在現實人生中，如何發現改變時機的到來。這個人生謎題不可能用科學來檢視，只能透過文學來逼近。故事中，男子總是不斷來詢問門何時會開，但總是被守衛拒絕，只有在臨終前一刻，才從守衛口中得知，這扇門根本是為他而設。這則寓言就表明了，當拒絕你前進的守衛出現時，背後的那扇門就可能是改變之門。

柯依瑟爾認為改變之門有可能來自藝術、哲學、愛、性、疾病與死亡等重大事件。或許這也是改變之所以困難的地方，意味著需要對失敗與矛盾保持開放。如同卡夫卡的寓言所顯示的，越是不讓你進入的地方，那扇緊閉的門就越是為你而開。只是這道門不能強迫打開，柯依瑟爾在第十六則〈日常生活的沼澤〉也明白表示，他不贊成那種壯士斷腕的改變，認為改變需要建立在對價值體系的更新。

唯有內在價值觀的改變，才能帶來看到第三種解決方式的智慧。所以支持柯依瑟爾說服讀者的第三項利器，就是哲學。夾雜在科學與文學之間，是他論述精巧的各種說明，讓讀者在理性上不得不接受，一切最終都是價值觀在引導。唯有先找到潛藏在表面判斷背後的基本信念，改變才有可能不退轉。因為真正需要改變的，是這個能用一句話代表的基本信念。

有了科學、文學與哲學之後，改變還不會馬上到來，尚需結合身體力行。這讓我想到《楞嚴經》上說的：「理則頓悟，乘悟併銷；事非頓除，因次第盡。」透過文化傳承與基本信念而來的習慣，需要練習才能轉化。否則即使看到改變之門，心理上願意接受改變，但如果缺乏實踐，最後還是會被踢出門外。本書提供的練習都不難，但即使是最簡單的價值觀清單，也得拋開書本，實際下去寫，才會出現成效。

近年來德語圈很流行應用哲學，通俗刊物如《哲學雜誌》（*Philosophie Magazin*），在一般車站的書店就可以看得到。這股潮流應證了哲學不能只停留在高深的思辨體系或學術議題，必須能處理日常生活的種種難題。不論是愛情、金錢、學業或家庭，哲學都不能只給予詮釋，必須帶來改變。

哲學甚至必須證明自己也有能力改變，本書是最好例證。

本文作者為台北藝術大學戲劇系兼任助理教授

目錄

專文導讀—蝴蝶、卡夫卡與身體：幸福人生的哲學練習　耿一偉 003
序言：「改變自己」是一門人人都能輕鬆上手的藝術 011
第一則　改變的藝術 019
第二則　我們擁有的自由，足夠讓自己幸福快樂 025
第三則　自我意識，問問自己想要什麼 031
第四則　改變勢不可擋 037
第五則　只有瘋子才能入場 045
第六則　謙虛的三步驟 055
第七則　改變之門 069
第八則　穿越改變的大門 097

第九則　什麼讓我們穿越改變的大門？　115
第十則　改變之路：意志與奉獻　121
第十一則　在狂熱中練習　129
第十二則　無法想像的未來　135
第十三則　被高估的過去　143
第十四則　展望：狂熱的表現　151
第十五則　暫停的時刻　157
第十六則　日常生活的沼澤　161
第十七則　生命即信念　179
第十八則　生命之屋　207
第十九則　生命就是學習死亡　223
第二十則　直達目標的蜿蜒道路　235

第二十一則　我怎麼知道自己已經改變了？ 253
第二十二則　國王的尊嚴 259
改變十大金句 267
延伸閱讀 275
註釋 281

序言

「改變自己」是一門人人都能輕鬆上手的藝術

Veränderung ist eine Kunst, die jeder beherrscht

人生是場從不間斷的改變歷程，儘管這些改變多半很輕微，幾乎難以察覺，宛如湖面上微微的波動，只是從這一點滑到另一點，花不了太多力氣；至於重新粉刷公寓、更換新的網路供應商，或赫然發現嘴角多出了一道新的皺紋等等，充其量只能算是日常的「更新」。也就是說，雖然和過去有些許不同，但還算一切如常。

然而，那種徹底改變人生的轉機，會突如其來地破壞平靜的日常生活，強烈得令人無法忽視：這樣根本行不通！我不能再這樣下去了！一定要有所轉變才行！

就在此時，隱藏在心中的念頭會成為具體的吶喊，除了想被聽見以外，更希望能就此成真。工作、伴侶關係、生活方式……某些至關緊要的東西，突然間和自己格格不入。這種感覺，就像忽然明白自己已經長大，再也穿不下那件、早就很久沒穿的舊外套了——這外套不論是尺寸，剪裁，都不再適合自己，雖然我曾那麼愛不釋手，但我已經不會再穿了。

這樣劇烈的改變，才稱得上是貨真價實的變化。「劇烈」（radikal）這個字出自拉丁文radix，意指根源。也因此，劇烈的變化總是涉及根本，就像是把某種東西連根拔起一樣。有時候，劇烈的變化確實會讓人感到不舒服，但在成功之後，卻會帶來無比的滿足感。只要是富有創造力的人，都知道怎麼突破自己，也一定有過相關的經驗。

這本書獻給所有正站在改變的十字路口、或身在尷尬的過渡期中，以及想要成為改變藝術家的人。其實，我們每個人都有機會，為自己按下人生的重置鍵——我們的飲食習慣、生活方式，或者思考模式，都不是無法動搖的命運，而是我們自己選擇的結果。也就是說，我們是有能力做出改變的。

劇烈的變化意味著放棄某些事物、和舊日的習慣道別，並踏上嶄新的領域。這或許會引起恐慌，卻是極為自愛自重的表現。因為唯有具備「接受自己」的能力，才有可能「改變自己」，而只有「愛」，才能開展出無限的可能。恐懼帶來的是束縛與侷限，愛才能帶來自由與寬廣。

人生的玩具箱

我們還是小孩時，大人交給我們的未來玩具箱裡，往往沒有多采多姿的內容。有時候當中甚至只有一個選項，例如：「你必須繼承家業！」、「女生總有一天會嫁人，所以不用上大學。」、「你要像我一樣當個音樂家。」

我們的監護人總是搶先定義我們的人生該往什麼方向進展。俗話說，樹再高，也不會長到天上，而栽種幼苗的目的，經常是為了能培植出人工盆栽。但或許我們可以換個角度思考：在我們的人生玩具箱裡，是不是只有一個積木呢？若是如此，也沒關係，因為這樣我們就能隨心所欲地選擇其他玩具，填滿自己的玩具箱。畢竟把玩具箱裡的空間填滿，並不是監護人的責任，這終究是我們自己的遊戲。

一旦這場人生遊戲裡添增了新的積木，遊戲就會真正開始，身為「遊戲人」（homo ludens）的我們，擁有旺盛的好奇心與豐富的創造力。和世界一起玩，會讓世界變得新奇。德國著名童話大師米歇爾・恩德（Michael Ende）所寫的奇幻童話《說不完的故事》（*Unendlichen Geschichte*）即有哲理，裡頭有位名為巴斯提安的小男孩，就像他從自己的思考中建造出幻想國一樣，我們也能建造自己的幻想國。

然而，一旦我們接受別人的勸說，不再想像各式各樣可能的未來，故事裡的「巨大的虛無」就會吞噬我們的「幻想國」，整個世界會變得麻木、空洞，索然無味。對未來毫無想像力，拘泥於眼前現實的人，不是創造者，而是生命力的送終者。

因此，請成為一位「改變藝術家」吧。顧名思義，改變正是一種藝術，並且，就像其他的藝術或技藝一般，我們可以藉由練習逐漸上手。因為改變是生命的一種基本模式，所以可以說，我們人類天生就內建了學會改變這門藝術的能力，並且，就像走路、說話，以及年紀大一點後學會的游泳與開車一樣，在日常生活中，我們輕輕鬆鬆就能運用改變這門藝術。只不過，學習改變的時間開始得比較晚，而且需要訓練。

很多人認為，變化是命中註定的，也往往來得措手不及，就像最近歐洲流行的東方思想「因果報應」所說的那樣。而愈是動盪變革的時期，愈會強化這種被命運擺佈的感覺。不過，我們其實正在經歷世代的斷層，也可以說是一場集體重置。也就是說，在二十一世紀初的今時今日，即便我們自己一點也不想，仍然被迫得面對排山倒海的徹底轉變。在這股全球性的改變主旋律中，我們應該要為自己脆弱易感的靈魂找到適合的節奏。畢竟，就算認為自己的生活不需要做太大的更動，整個世界還是持續、甚至是風起雲湧地在變化著。

然而，面對變化，許多人卻選擇逃避，而不是積極面對。若能駕馭變化的浪潮，豈不是比在改變的浪潮裡掙扎更好嗎？與其忍耐變化，不如把變化掌握在自己手中，豈不是更好？

本書想要告訴你的事

這本書闡述的，是我個人對改變的體悟，因此可說是由一個不斷自我鍛鍊的人，所親筆寫下的習作。除了幫助許多公司進行變革之外，我更陪伴了為數眾多的個人，走過改變的歷程，包括擔任個人輔導、一同參與齋戒課程，也陪伴許多伴侶，一起面對關於愛情、性愛與伴侶關係中的難題。但不管諮詢的對象是誰，我們所面對的課題，往往是人們在渴望改變之際，卻又同時畏懼改變，並在內心深處抗拒著改變。

不論是在西方哲學，或是在各個時代的流行歌曲裡，當中傳頌的真理其實千篇一律。但雖然我們早就對許多事心知肚明，卻向來很少身體力行。而這本書的一大目的，正是要提醒我們重新注意那些因為被視為理所當然，而遭到忽略的道理。我們生活其中的文化崇尚守成，因此，連改變生活方式與變老這樣再自然不過的變化歷程，都會讓我們感到痛苦，就像久未訓練的肌群容易痠痛一樣。但是，為了提昇生活品質，應該要努力訓練萎縮的肌肉與能力。

本書的篇幅很精簡，因為我想藉此鼓勵大家擁有改變自己的勇氣與信心。若是這本講改變的藝術的書是本超厚的精裝書，那可能會讓人誤以為改變自己是件艱鉅的事。所以，我盡量減少篇幅，這也是我一直強調的：放下！不要花費力氣去牢記什麼漂亮的句子與說法，只要記住書中想傳達的要點就好。簡單來說，本書要傳達的就是：改變是一門人人都能輕鬆上手的藝術。

每一天，都是改變自己的練習

那麼，馬上用個簡單的練習來暖身吧。請雙手抱胸，用自己習慣的方式就好。

請將左手手指放在右上臂上方，右手藏在左上臂下面，或者用左右手相反的方式做做看——每個人抱胸的方式都不一樣，但多半一成不變。

現在，請試著用另一種方式抱胸。

首先張開雙臂，讓雙臂自然而然地垂放在身體兩側，然後再一次雙手抱胸，但請留意，別用之前習慣的方式。

完成了嗎？太好了。你看，這雖然有點令人納悶，可能還得稍微思考一下，不過並不困難。這就是改變：一點疑惑，一點反思，除了這些以外，改變自己習慣的方式，不會造成任何麻煩。

第1則

改變的藝術

Die Verwandlungskunst

成為改變藝術家吧。成為改變藝術家並不困難，而我也會陪伴你左右。隨著書的每一頁，生活中總會有些什麼起了變化，有些東西會登場，有些東西雖然是再次出現，卻有所不同。或許，你不想按照順序閱讀，選擇跳著看，或是乾脆直接翻到最後一頁，那也無所謂。你也可以用相同的方式對待自己的生命之書，不需要按照時間順序閱讀也沒關係，你可以自由選擇，想翻到哪一頁就翻到哪一頁。沒有人強制你一定要按照順序翻閱這本書。

也許你會認為，人生並不像一本書，反而比較像間圖書館。而你可能也早就不再讀小時候喜歡的繪本了，所以，現在你也不需要堅持把讀到一半、在枕頭邊生灰塵的驚悚小說與悲劇小說讀完。請直接拿起自己真正想讀的書吧。

改變的藝術從認知自己有能力選擇開始。我們每分每秒，都在面臨要做什麼、不做什麼的選擇。以閱讀這本書來說，有人逼迫你、拜託你讀這本書嗎？你之所以讀這本書，是因為上司要求你這麼做嗎？或者你是被鐵鍊拴著，不得不一頁一頁、一字一句地讀這本書嗎？還是說你讀這本書，單純是因為自己想這麼做呢？

我們常常誤以為自己別無選擇，甚至將自己的所作所為與經歷，視為無法改變的命運。就算我們做出不同的事，產生了不同的結果，我們還是會一如往往地認為，這是命中註定會發生的結局。我們常常把「選擇」推到「命運」的頭上，並把激動的情緒當成是自然法則下的產物。明明是自己做出的行為，我們卻總喜歡假裝自己是別無選擇，逼不得已。

我們的所作所為並非出於無奈

值得注意的是，改變的藝術不是演戲。改變自己並非逢場作戲，而是真槍實彈的人生。每一個改變自己的人，都不是在偽裝自己或取悅他人，而是紮紮實實地體驗新的事物。我們雖然排練、練習怎麼改變自己，但是這樣的練習，同時也是實際上場的表現。人生大概就像一場即興劇。

在緊張且專注的情況下，嶄新、陌生的狀態不可能持續太久，緊繃感很容易讓我們原形畢露。在面具底下我們開始冷汗直流，不得不摘下面具。像這種情況，只能算是逢場作戲，雖然不失為一種嘗試，但不算是改變自己。一旦嶄新的事物進入自我的核心時，改變就會變得簡單許多。突然之間，我就變成這樣了，毫不做作，絕非演戲。

如果有所謂的改變大師，不能不提伍迪艾倫的電影《變色龍》（*Zelig*）裡的主角西力（Leonard Zelig），而他同時也是改變自己的門外漢，完全不懂什麼是改變自己。由於西力和其他人交往時極度缺乏安全感，因此他總是小心翼翼，努力適應周遭的環境。他模仿別人，隨波逐流，成功扮演各種角色：黑幫中的成員，音樂家中的音樂家，納粹分子中的納粹，最終卻成為美國著名的英雄。西力這逗趣的一生，可以幫助我們了解改變是怎麼一回事：西力從未偽裝過自己，反而徹底融入各種不同的角色，因此，他表面上看起來好像是個改變藝術家，但他根本不是！他對改變自己一無所知的原因在於，他對自己的所作所為毫無自覺，只是整天提心吊膽，連自己在想什麼都不清不處。藉著完美的模仿，西力逃離了恐懼，簡直堪稱膽小鬼中的模範生。這位人類中的變色龍最後在電影的結尾被奉為英雄，這諷刺的結局為西力這看似率真、其實充滿謊言的行為收了尾。[1] 然而，真正的改變的藝術絕不是渾渾噩噩，而是一段自覺的歷程。

小結

- 我們隨時隨地都有能力選擇。
- 人生並非操之在天，而是操之在己。
- 有時候我們會偽裝自己，但是偽裝並不是改變。偽裝無法持久。改變不是為了他人的目光逢場作戲。
- 有自覺的、由內而外的改變自己，一點都不困難。

第
2
則

我們擁有的自由，足夠讓自己幸福快樂

Wir sind frei genug

「且慢！」看到這裡，有些人可能會想大聲喝止，我們根本無法完全掌控自己的意志。換言之，根本沒有所謂的自由意志。因此，改變的藝術打從一開始就註定失敗。

沒錯，人到底有沒有自由意志，一直是爭論不休的哲學問題。不論是哲學家、神學家，或是近年來加入戰局的神經科學家，對這個問題總是各持己見。柏拉圖是自由意志最早的擁護者之一。而其他哲學家如叔本華，卻否認有自由意志。後來，主張演化論的生物學家道金斯，甚至認為自由只是一種錯覺，我們人類只是被「自私基因」推動的、有血肉之軀的「求生機器」而已。現代的腦科學家也抱持著相同的看法，主張人類並不自由，更指出，所謂的「抉擇」，早就被大腦的邊緣系統在剎那間搶先完成了，先前我們還以為「思考」就是大腦中的突觸轉導，其實根本沒那回事。此外，在大腦中訊息交流的方式早就在後台被安排好了，一切都是照著人類社交模式的劇本走。德國哲學家普列希特（Richard David Precht）曾這麼描述：「我認為屬於我自己的意志、想法與精神，實際上只是意識型態與文化典範所引起的反思罷了。」

與此相應，現今的科學家，例如美國的生物學家布魯斯・立普頓（Bruch Lipton）就試著證明，人類可以藉由信念與思考，影響基因與DNA的發展，他認為，基因可以根據心靈所提出的方針，而有所改變。

買個柳丁，不需要會量子物理學

現在我們認識到，雖然有自由意志的捍衛者，但也有許多人反對自由意志。不過，坦白說，這個討論不但複雜，也和日常生活沒什麼關係。人終究無法完全自由這件事之所以總是被拿出來討論，是因為比起找機會，我們更常找藉口。向後看的「當時我也無能為力啊」，比向前看的「我該怎麼做」更輕鬆簡單。什麼自由不自由的討論，就像是用大砲打小鳥，對現實的生活沒什麼實質幫助。

所有人都清楚地球是圓的。然而，還是有些數學運算模型是建立在地球是平的這樣的世界觀上，因為這樣讓計算變得更簡單，並且，地球是平是圓，對某些數學模型來說，完全無關緊要。同樣地，今日我們可以從模控學得知，所有行為都有可能在意想不到的地方，造成意料之外的影響，產生無法預料的回饋循環。但即便如此，如果我們只是想買個一公斤柳丁，模控學可不會跳出來攪局。

因此，在談論飲食、伴侶關係與生活劇變時，我們大可以安心地把人自不自由的議題踢到一邊去。當然，社交模式的劇本、文化投射，以及信仰上的典範確實無所不在。然而，它們卻不是像傀儡師操縱木偶那般，操縱我們在生命中所做的每一個決定，反而比較像船長手中的航海圖。航海圖會告訴我們哪裡有淺灘，哪裡適合航行，幫助我們定位自己的方向。

我們所受的教育與生活歷練，決定了我們有多依賴這份航海圖，例如是否把它視為唯一能幫助自己定位的工具。身為自己人生的船長，我們蒐集的經驗越豐富，就越有能力質疑航海圖的資料正不正確，甚至會想到該檢查航海圖上的資料。或許，我們會因此發現穿越淺灘的捷徑，也為自己的需求找到更好的貿易路線。

「自私的基因」一定不會對個人的幸福有意見，因為自私的基因想要的非常簡單：生存與繁殖。而幸福與滿足感會提供生存與繁殖最好的條件。快樂與滿足的狀態下。也許我們並非徹底自由，但是我們所擁有的自由，絕對足夠讓自己過上幸福快樂的日子。

每一天，都是改變自己的練習

現在，找出一本舊日記。看看那些曾經讓你感動的事物，想一想，現在的你，會怎麼看待過去發生過的困難。今天的你，會重複當時的所作所為嗎？你是否會有和那時一樣的感受呢？多了這麼多經歷之後，今天的你又會怎麼面對那些事呢？

或許你沒有寫日記的習慣？那麼你的練習就是，「開始寫日記吧」。不用長篇大論，鉅細靡遺，只要把經歷與感受，用「關鍵字」寫下來即可，特別是感受，每天整理、釐清一下自己的感受，非常重要。

第3則

自我意識，問問自己想要什麼

Das Wollen wollen – über das Selbstbewusstsein

偶爾會突然爆發的無力感，和人類的意志自不自由這個問題完全沒有關係，和無力感息息相關的，是我們的自尊心。自我是為了被實現、被讚揚而存在的，只是在我們的文化裡，往往不允許我們為自己歡呼。自信常常被冠上自傲自私的罵名。

然而，只有健康的自尊才能讓我們發揮自己的潛能。相信自己這件事會賦予我們展翅高飛的力量。你必須欣賞自己的創作，如此，它們才能成長茁壯，你應該以自己的見解與才能為榮，甚至放膽向這個世界大聲宣傳自己。自信是心靈的免疫系統，體質越好，越能遠離屈辱、羞恥，以及其他的心理上的傳染病。

如果有人對你說，你未免太有自信了吧，或批評你根本自信過頭了，請別因此動搖。沒有人會自信過頭的，這就像有人責怪你「未免也太健康了」一樣荒謬。自信就像懷孕一樣，只有「有」或「沒有」的差別，自信不能被量化，也沒有程度上的差別。

自尊及自信都是人不可或缺的基本需求。這是保護自己的神聖權利，沒有人能加以剝奪。「如果我們毫無自信，我們就只能依賴外界的肯定，」長年鑽研

「自我價值」的美國的心理治療學家布蘭登（Nathaniel Branden）警告，「那麼，我們根本無法自己解決自己的問題，只能道聽塗說，任人宰割。」

不要迷失自己，要相信自己

那些誇大其詞，說可以為我們解決人生難題的漂亮話，聽起來一定很誘人，但只會讓人過度依賴，無法自立。在我的另一本書《為什麼就算我們做得很好，卻還是感覺很糟》（*Warum es uns so schlecht geht, obwohl es uns so gut geht*）中，我不斷提醒讀者，每種「生命能量」都是至關重要的資源。因此，就像每一種資源在使用上會相互競爭一樣，生命能量也是如此。你的生活、同理心、愛人的能力、智慧、工作上的幹練，這些全都是極有價值的資源。相信我，這些資源絕不會因為派不上用場，最後只能被賤價拋售，相反地，你和你的生命能量一定會被消耗。唯一的問題是，是被誰消耗呢？是被你自己消耗，還是被你所推崇的目標？或是其他人，因為他們的目的與意圖消耗了你的能量？親愛的讀者，相信我，你是如此珍貴，在人生中你是不可能毫髮無傷，輕鬆下莊的。

因此，請不要聽信他人鼓吹，選擇被動地過活，而應該隨時隨地把自己的利益放在考量的第一位。我們所處的文化總是在要求我們犧牲奉獻，而這種文化之所以會出現，是因為整個社會有越來越多不愛惜自己的人。每個人都放任自己，為了沒什麼意義的事被剝削，然後，為了收支平衡，只好從另一個人身上榨取能量，以便讓自己有種被愛、被重視的感覺。而被榨取能量的那一方，通常只能默默忍受，因為大部分的人都太過軟弱，不敢拒絕別人。接著，因為老是原諒這種行為，我們成了真正「無私」的人，也就是失去自我的人。「需要與供給」的情緒勒索只是在假借愛的名義進行剝削，但其實你我都知道，這根本不是愛，只是索求而已。

自我意識的意思是，意識到自己的存在，也就是追問自己是誰。沒錯，這攸關的只有個人意志而已，也就是說，對這點小事，我們並不需要全能的神明或宗教領袖來為我們解答，這是靠我們自己就能找到答案的問題。我想不想認識自己呢？我想起床了，還是想繼續睡？我想動腦思考嗎？我的感受是什麼？

這些問題無關乎智慧，只和有沒有自覺有關。而自覺的意思是：我知道、也完全了解自己在做什麼。

自信不是別的，其實就是相信自己擁有思考與感受的能力，並且相信自己獨立思考的結果與真實的感受。能告訴自己，對，這的確是我自己的感受，我不會隨便被外在的評斷遊說。我相信我自己，也相信自己身體與心靈上的反應。我相信自己能在生命中的各種挑戰裡不斷成長。自我意識攸關的是人的意志，沒有辦不辦得到，只有想或不想。

每一天，都是改變自己的練習

拿出一張紙，然後寫下這個句子：「如果我現在開始提升自己在生活裡的自我意識，我將會……」接著，計時九十秒，千萬不要超過，九十秒就很夠了。現在開始！

請把在腦中出現的句子寫下來，就算它們看起來很荒謬也沒關係。請不要空想，確實寫下來，這也是我只設定九十秒的原因，一旦超過這個時間，人就容易胡思亂想，但是長考並不能幫助我們認識潛意識。

請把這張紙好好保存，然後從今天開始，在每個星期一早上重複這個練習，並持續至少幾週的時間。然後看看這些紙，比較一下自己寫過的句子，是否隨著時間有些改變？同樣的事物是不是一直出現呢？你可以解釋那些看起來沒什麼意義的文字嗎？這個小小的練習對提昇自我意識很有幫助。

第4則

改變勢不可擋

Wandel ist unaufhaltsam

奧德修斯的船

在奧德修斯回到伊薩卡島後，他的船被拉上岸，再也沒有機會揚帆出海。漸漸地，這艘船被棄置在陽光下，但它確實是個極富代表性的象徵，應該被好好保留。島上的居民為了守護這段歷史，盡最大的努力保護這艘船，不斷修補船上破舊的地方，關心這艘船，也為能守護這艘船感到與有榮焉。

於是，他們換了船身的木板，也換了一片船尾，並在方向盤坍塌時，依循原本的模樣，換了一個新的。後來，在一場暴風雨中，桅杆也倒下了，為了替這艘船換上新桅杆，島民不惜使用大量的木頭，新的桅杆不論大小或形狀都和原本的相差無幾，人們甚至為它漆上較深的顏色，讓它感覺起來和舊的那艘完全沒有差別。

伊薩卡島的居民盡了全力在守護這艘船。到了某一天，連最後一片原本就在奧德修斯船上的木頭，也被新的木頭給取代了。奧德修斯的船仍然靜置在沙灘上，絲毫沒有移動，看起來和數百年前一模一樣，但是，卻沒有保留任何原本船上的材料。那麼，這還是那艘奧德修斯的船嗎？還是已經不是了？如果不是，那這艘船是什麼？這些改變又代表什麼？

赫拉克利特的河流

「萬物流轉。」（Panta rhei）這堪稱哲學名言中最簡短的句子，出自古希臘哲學家赫拉克利特（Heraklit）之口，並一直流傳至今。赫拉克利特認為，我們無法在同一條河流中涉水兩次。就算河流的外觀、周遭的環境看起來都相同，河岸也狀似沒什麼變化，但這條河其實已經有所改變了，流動的空氣、水底的藻類與生物，和過去相比早就截然不同。每一個時刻都是獨特的，無法被完美重現。一切雖然看似平靜，滄海桑田卻只是轉眼之間。人生是由不斷的變化所組成的，貌似相同的外表，其實只是個假象。

赫拉克利特可謂創造了「變化」這個概念。在他之前，人們追問的是：「世界是由什麼材料所組成的？」、「世界是怎麼被建造的？」、「誰建造了這個世界？」，由此可見，當時的人把宇宙看做是一棟穩定的建築物。

赫拉克利特率先挑戰這種想法，認為宇宙根本不是什麼穩定的建築物，甚至感慨「宇宙充其量只是團沒有規律可言、亂堆的糞。」。他並且主張，事物和事物之間沒有什麼共通點，這個世界只是許多事件的積累而已。宇宙的本質不是什麼穩固的物質，而是一條不斷流動、不斷發生運動變化的物質之河。「所有的事物都在流動，沒有什麼是靜止不變的。」赫拉克利特的見解顛覆了穩定的宇宙說，帶來一場思想上的革命：無盡的變化才是生命的本質。

今日之你非昔日之你

「有時候，我還真希望一切都能維持原樣。」

一位絕望的朋友曾經這麼對我坦白，但這件事根本不可能發生。我們身體上所有的細胞都規律地更新，也就是說，大概七年之後，人身上的細胞就會和七年之前身上的細胞完全不同。即便心靈上再怎麼想要維持原狀，我們的身體可不會隨之起舞。

除了身體外，心靈上的變化同樣勢不可擋，心靈也會不斷接收新的東西，排除多餘的東西。與十年前相比，我們現在知道的更多，我們修正了一些自己的想法，獲得了一些經驗，培養了一些技能。每項技能都會改變大腦中的連結方式。騎腳踏車、下棋、畫畫，我們重複的每一件事，都會在突觸與突觸之間建造橋樑，而這會改變我們的認知與思維。

除此之外，感覺是可以學習的，且隨著人生歷練增加，感覺也會有所轉變。年紀還小的時候，你可能害怕過衣櫥裡的怪物，但今天你所害怕的卻是衣櫃裡亂七八糟的景象。童年時期能讓你開懷大笑或痛哭流涕的事，在青春期可不一定會再讓你歡喜或掉眼淚；而在青春期澎湃激動的情感，成年之後則往往轉化為適應力與愛人、付出的能力。

你，再也不是過去的你了。

也因此，即便我們會在某些時刻發自內心地說：「再待一會吧，你好美。」但會留下不變的，終究只有因為愛情而產生的紀念品、照片，以及回憶而已。我們絕不可能一成不變，不論我們有沒有積極爭取、是否在忍耐或忽視自己身上的變化，都無法撼動這個事實。

「改變」是所有生命的基本特徵，要是我們將改變視為一種威脅，那就表示，我們也把生命視為一種威脅，這可不是件好事。因此，我想邀請你，敞開心胸和生命的瞬息萬變做朋友吧，如果還能積極參與其中，那就再好也不過了。

創造性破壞

奧地利經濟學家熊彼得（Joseph Schumpeter）在他的經濟發展理論中談到「創造性破壞」。他認為，經濟學就是創新、模仿、破壞的序列。有人發想了一個新的點子，其他人模仿他的想法，然後在現有的見解中，必然會產生新的組合，舊有的結構會被排擠、破壞，以便清出空間給新的事物。這樣的破壞既不是戲劇化的結果，也不是系統性的錯誤，而是無法避免的過程。

德國哲學家尼采也明白，破壞與建設之間息息相關，彼此會互相影響：「欲創造善惡之人：沒錯，他必然得先破壞、粉碎價值。」與慣例、傳統、習俗和舊有的價值觀決裂，或許讓人沉重，但會帶來活力。創新與進化的成因並非墨守成規，而是打破常規，推陳出新。

而根據專門研究意識的科學家卡佩爾納（Rudolf Kapellner）的說法，「轉化」（Transformation）這個字指的是超越（trans-）固有的形式（Form）。因此，轉化意味的是固有的形式完全被破壞殆盡，而不是只是像把床單翻面那樣，換湯不換藥。卡佩爾納指出，翻面「只是表面上看起來不同而已，形式還是被完全保留，這和轉化毫不相干。」

小結

- 所有事物都在變化，且變化從不停息。
- 害怕改變就等於是在畏懼人生。我們應該要積極尋求改變，且一定要先超越固有的事物，直到「破壞了舊的形式」，人生才得以蓬勃發展。

第5則

只有瘋子才能入場

Eintritt nur für Verrückte

現在，讓我們來瞧瞧變化的基本模式。接下來，我會借助世界文學與大自然的運作方式，來說明變化是怎麼一回事。

荒野之狼教我們的事

在著名的德國作家赫塞的小說《荒野之狼》（*Steppenwolf*）裡，主角哈利・哈勒（Harry Haller）經過一間房子，門口寫著「只有瘋子才能入場」。他相當中意這個標語。接著，他走進一個名為「魔術劇場」的地方，在眾多房間的其中一個房間裡，他看見一名棋士。這位棋士先將許多沒有思想的人形棋子排列在棋盤上，接著突然把棋子全盤掃落。

在這個過程中，棋士專注地頭也不抬，於是哈利便湊過去端詳，在棋士身邊坐下。他發現，那些棋盤上的人形棋子，所演示的正是他的人生。他眼睜睜看著棋士佈局、掃落、再全部重新佈局：「第二盤棋和第一盤棋很相似，是同一個世界、同樣的材料，只是語調變了、節奏變了，強調的動機不同，而情境也有所不同。」棋士一遍又一遍地用同樣的材料建造新的世界。「這就是生活的藝術，」棋士在故事裡對哈利說，「將來，你可以隨意繼續塑造你的人生遊戲，讓它富有生氣、情結糾葛，豐富且充實。」

這就是荒野之狼教我們的事：我們每個人手邊都有一組，為了建造生活必備的工具箱，工具箱中一部分的素材，是從我們自己原本的玩具箱裡拿來的。雖然總的來說，工具箱裡的素材有限，但使用方式卻是千變萬化。不過，在此之前我們得先了解，不管在什麼時候，我們都能動手重新組裝。換言之，沒有人強迫我們非得要用同樣的方式重複下同一盤棋。光是現代的西洋棋理論，就認為至少有二十種以上的佈局方式，這還只是考慮了最流行的下法，那些比較少人使用的棋譜，還沒被算進去呢。

卡夫卡教我們的事

與赫塞同個時代的作家卡夫卡，曾用一個簡短、但卻令人震撼的故事說明，什麼會阻礙了我們學習《荒野之狼》想教導我們的事。

在〈法的門前〉（Vor dem Gesetz）這篇短文中，卡夫卡講述了一個不斷想窺看律則的人的一生。哪些律則呢？人生的律則、正義、真理，以及這些究竟是什麼，男子非常想知道。然而，在法律之門的門前，有一位守衛說他現在不能讓男子通行。男子問，那晚一點來可以嗎？「有可能，」守衛回答，「但是現在不行。」因為法律之門是敞開的，而守衛站在一旁，男子便彎下腰來，試著往門內看。守衛注意到時，笑了笑：「如果你這麼想看，試著不要管我衝進去看看呀。但請記住：我很強，而且我只是最低階的守衛而已。每道門都有一個守衛，他們可是一個比一個還強。第三個守衛的目光，連我都不敢直視。」

男子決定等待。他等了又等，但守衛總是告訴他，他現在不能進去。男子開始賄賂守衛，而守衛只是笑著接受他給的所有東西，然後說，他願意收下，只是因為不想讓男子認為自己是白忙一場。時間與人生就這麼一點一滴流逝。想要窺看真理的男子逐漸老去、虛弱、奄奄一息。最終，在男子還有一絲力氣的時候，他忍不住對守衛說：「大家不是都想知道法律是什麼嗎？為什麼多年來，除了我以外，再也沒有別人要求想進去？」守衛發現男子已行將就木，為了讓重聽的他聽見，便大吼道：「其他人都不被允許進入這扇門，因為這門只為了你一個人而開。現在我要關門走人了。」

這就是守衛教導我們的事：知識之門被他看管著（稍後我們會看到，是被誰看管），而想通過這道門的我們，也一樣被守衛監視著。守衛的面目猙獰，還威嚇我們說，門的後面埋伏著更多更恐怖的人物，這讓我們恐懼不安。但是守衛也說：「這道門是專為你而設的。也總是為你敞開，試著過去吧。」

就像《荒野之狼》中所說的，只有瘋子才能入場，而「瘋子」（Verrückte）這個德文字指的就是，準備好把人生中的某些事物「推開」（verrücken）的人。

蝴蝶教我們的事

美國作家諾麗・胡德（Norie Huddle）曾在她的書《蝴蝶：關於偉大轉變的小小故事》（*Butterfly: A Tiny Tale of Great Transformation*）中，解釋毛毛蟲是怎麼變成蝴蝶的。一旦毛毛蟲吐絲結繭，在牠的身體裡就會出現新的細胞，學術上稱這種細胞為成蟲細胞。成蟲細胞和原本的細胞截然不同，因此，毛毛蟲的免疫系統會把它當作外來物，並與之相抗衡。毛毛蟲會這麼認為，其實也沒錯，因為成蟲細胞的確和毛毛蟲沒有關係：它並不是毛毛蟲本身的細胞，而是蝴蝶的細胞。

成蟲細胞的出現，是為了讓毛毛蟲成為更高階的存在，但已經存在的「毛毛蟲機制」，雖然一邊支援著自己的轉變，另一邊卻對抗這樣的轉變。也就是說，毛毛蟲既想成為蝴蝶，但也抗拒著改變自己，這便是追求與抵抗的共存。

新細胞迅速成長，舊的免疫系統很快就反應不及，在那之前，原本弱小孤獨的成蟲細胞會黏在一起，逐漸形成一個群體！為數眾多的成蟲細胞團會串連起來，然後，在蛹中的成蟲細胞會開始互相交換訊息。接著，在某個時間點後，這一長串的成蟲細胞似乎突然意識到自己是「某種東西」，某種和毛毛蟲不一樣的嶄新存在！隨著對自己身分的「認可」，成蟲細胞開始由內而外地改造毛毛蟲的身體。這樣的認知才能讓蝴蝶真正誕生，每個蝴蝶的細胞因此承擔起自己的任務，每個新細胞都舉足輕重，肩負重要任務，而其他細胞則全力支持新的細胞完成任務，於是，毛毛蟲終於成了蝴蝶。2

這就是蝴蝶要告訴我們的事：為了改變自己，我們也能化蛹成蝶。我們一方面想蛻變，另一方面卻又抗拒著蛻變，也就是說，在追求改變的同時，我們也抗拒著改變，但在我們心中的蝴蝶，老早就蓄勢待發。

事實上，正如歷史告訴我們的那樣，人類社會的發展似乎也遵循著這個原則，比方說在古代雅典民主的形成。西元前五百年左右，湧現了新的思想，名為自由、個體化、人性、令人心生嚮往的「成蟲細胞」，也就是「民主」。

當時的寡頭統治者與保守的貴族扮演的就是「舊細胞」的角色。為了和民主與日益增長的開放主義這些「成蟲細胞」對抗，他們甚至把家鄉雅典出賣給敵對的斯巴達人。雅典城邦也確實在公元前四〇四年的伯羅奔尼撒戰爭中遭到擊敗，民主似乎土崩瓦解。接下來，社會崩壞、處處殺戮，幸好為時甚短：斯巴達人接管的王國沒有能力統治雅典，無法鎮壓風起雲湧的革命運動。因此，雖然斯巴達人大獲全勝，卻不得不和雅典的民主派簽下和平契約。儘管傷亡極為慘烈，嶄新的民主制度終於存活，從這場失敗中淬煉成一場出乎意料的勝利。在混亂的衰亡中，新的事物變得更為強大。

我所經歷過的、人的蛻變也是如此。許多人在追求新事物的同時，也在對抗自己，懷疑自己，然而，在突然之間，往往是在最躊躇徬徨的時候，在自暴自棄的那一刻，改變突然變得再簡單不過，宛如蝴蝶破蛹而出，展翅飛舞。

小結

- 可以用來建構人生的素材雖然數量有限，但是組合的方式千變萬化。
- 守衛總是埋伏在改變的起點，讓我們不敢嘗試改變，畏懼改變自己。
- 但是守衛的出現也代表，我們是可以通過改變之門的，甚至有更深一層的含意：我們每個人都有專屬自己、獨一無二的改變之門。
- 嶄新的、難以想像的事物早就潛伏在我們身上，就像毛毛蟲裡潛藏著蝴蝶一樣。

每一天，都是改變自己的練習

在日常生活中，我們往往匆匆穿過途經的十字路口與各扇大門，這讓一天的自然節奏、週與週的更迭、歲月的流逝在我們的感知中，變得越來越模糊。因此，請練習感知自己正在穿越一扇門！

每天早上起床，離開房間前，記得在門前停留一下。先向嶄新的一天打聲招呼，為新的一天許下一個美好的願望，然後有意識地感受跨出房門的那一步。想像自己是個國王（女王），正踏進人人矚目的大廳，這樣開始新的一天吧；而到了晚上，也請帶著感謝的心，有意識地踏進自己的寢殿，回到溫暖的床鋪。

第6則

謙虛的三步驟

Die drei Schritte der Demut

有個小孩曾經不服氣地說：「我已經會寫大寫字母了，為什麼還要練習寫小寫？」這樣的態度放在小孩身上，會讓人又好氣又好笑，但如果是大人這麼說，只會讓人覺得他驕傲自大。會自認為已經達到完美境界的大人，恐怕是平常藥吃太多，因此攻擊性太強，才會抱殘守缺，拒絕學習。

我想大家都會同意，即便已經長大成人，我們可以、也更應該學習生命中那些宛如小寫字母般的小事，就算這樣看起來好像不是謙虛，甚至顯得有些卑微。

三種屈辱，以及我們能從中學到的事

有人說，歷史上人類遭受過三項重挫，或可說是羞辱。其一是來自哥白尼，因為他指出，地球並不是太陽系的中心，也就是說，一切並不是繞著我們人類打轉。對人類集體自我的第二道傷口，則拜拉馬克（Lamarck）與達爾文之賜，他們二位提出了演化論的原則，揭示了人類是猴子的後裔，換言之，我們之所以能以人類獨有的生理條件降生在這個世界，可不是因為上帝的善舉。最後一項重挫是佛洛伊德造成的，他指出，我們每個人都有自己難以察覺、卻對自己影響甚鉅的潛意識，因此，我們從來都不是自己人生的主宰者，不僅如此，只要活著，就不可能擺脫潛意識的魔爪。

我想再深入哥白尼的觀點。如果從外部觀看我們身處的太陽系，就會發現宇宙真正的樣貌。不是只有地球繞著太陽轉，太陽系也只是位於銀河系裡一個枝微末節的分支上而已，而鄰近的星系則根本遙遠得看不見。偉大的法國生物化學家莫諾（Jacques Monod）就曾說過：「我們是宇宙邊緣的遊牧民族」。在宇宙宏大的結構中，人類只不過是其中一個，微不足道到令人難以置信的存在罷了，而真正能幫助人類踏上救贖之路的，正是無條件地接受這個事實。

只要秉持著謙卑的態度，屈辱感便能煙消雲散。這樣心態上的轉變至關重要。因為會感受到挫折，只是代表還需要學習；老是惱羞成怒、氣撲撲的人，永遠只會等待別人安慰補償他，為自己的言行強辭奪理。

蘇格拉底的蛋糕

善良的古希臘哲學家蘇格拉底以尖銳的問題惹惱他的同胞而出名。他從不覺得自己絕頂聰明，英明睿智，反而認為自己就像發現四周都是瞎子的獨眼龍。至少他清楚，他什麼都不知道，但其他人卻認為自己滿腹才學。這讓他和那些人漸行漸遠。他特別喜歡對那些自視甚高的人發問，蘇格拉底熱愛當一隻，專門挑戰同胞死板的思考模式的「牛虻」，而這也是他對自己的稱呼。

或許，對未知的事物抱持著謙卑的態度，就是蘇格拉底留給我們的珍貴遺產。讓我們在一張紙上畫一個圓，然後在其中畫一小塊蛋糕，並在小蛋糕的旁邊，再畫一塊大一點的蛋糕。接著在小蛋糕上，寫下「我知道的事物」，在大蛋糕上則寫下「所有人類能知道的事物」。

這些標記本身其實就已經說得很明白：在所有人類能知道的事物中，每個人都只能知道其中很小的一部分。有很多知識的領域，我們雖然知道它們存在，卻對它們一無所知，像是量子力學、原子物理學、墓地的園藝建造等等。就算能專精某一項領域，但隔行如隔山，很多知識領域還是像遙遠的異國一樣陌生，我們雖然認識其地理位置，卻從未去過那裡。但至少，我們知道它們存在在這個世界上。

耐人尋味的是，圓圈中剩下的、最大的一部分是什麼呢？很簡單，那就是我根本不確定人類有沒有可能知道的事物，也就是未知的領域（Terra incognita）。這個地球上絕大多數的知識，我們其實連它存不存在都不知道！雖然，我們對某些領域已經有了深入的研究，但對於很多事，人類仍然一竅不通。

要是有一些原本壓根不知道它存在的領域，轉變為「知道它存在」的領域時，就會激起想追根究柢的念頭，這有點像靈光一現，大腦裡的突觸與突觸就這麼連結了起來，視野越來越寬廣，地圖上模糊的黑點逐漸變得清晰。

而為了能走得更遠，我們必須認知到自己尚未抵達終點。

威爾伯的彩虹

「我們身處的環境充滿各式各樣的輻射：除了一般各種顏色的可見光之外，還有X射線、伽馬射線、紅外線、紫外線、無線電波和宇宙射線……所有這些輻射都有很大的不同。伽馬射線的波長很短，因此具有很強的能量，可以穿透、甚至破壞有機物。宇宙射線的波長不及萬億分之一毫米，而某些無線電波的波長卻長達數公里。顯然，人們會認為這些現象截然不同。然而，在今日，所有這些射線都被認為是同一個現象，也就是電磁震盪。」

寫下這段文字的美國哲學家肯恩．威爾伯（Ken Wilber）究竟想說什麼呢？他想讓我們明白，曾經一度被視為完全不同的事物，在今天，人們可能會認為那其實是同樣的東西，只是以不同的方式呈現而已。「早期的科學家努力用截然不同的設備，研究震動光譜中不同的頻率，卻沒有注意到，他們研究的其實是相同的基本現象。」

類似的誤解，在討論中也時常發生。倘若和別人交換想法時，我們卻對自己狹隘的角度與成見堅信不移，那麼討論很快就會變成爭論，雙方會互相指責對方無知、愚蠢，沒有看清真相的能力。在討論之中毫無交集的思考方式與邏輯語言，就像是完全不同的研究設備，就算研究的對象相同，還是只能雞同鴨講。

威伯爾因此提出了「意識光譜」的說法。我們的意識，我們所相信的真實，以及具備的知識都擁有各自的光譜，就像以美麗的光譜色彩呈現在天空中的彩虹。如果我戴著一副只能看到藍光的有色眼鏡直視彩虹，而別人戴著只能看見紅光的有色眼鏡來解釋各種現象，我們大概會對什麼是真實爭執不休。或者，我們也可以坦然接受，帶著有色眼鏡的自己，只能看到光譜中的其中一個面向而已。

「東方哲學認定西方思想只重視唯物論，西方思想則認為，東方思維不夠前衛，太素樸單純。」威伯爾曾這樣打趣。這些論見是各執己見的結果。因為害怕無知，我們總會選擇一個自己能夠理解的觀點，藉此以管窺天。彩虹這個意象能幫助我們更加謙卑，敞開心胸與人對話。

「正確意見的反面是錯誤的意見，」正如丹麥物理學家波耳（Niels Bohr）所說的，「但真理的反面可能正是另一項真理。」換言之，波耳認為意見有對有錯，但真理卻不是非黑即白，相反地，不同的真理往往能並存。

舉例來說，科學的真理也許會和某些精神上的信念彼此對立，互為相反，但這只是因為著眼的面向不同而已。我們所有人眼中的彩虹都是同一道，但沒有人能看清彩虹所有的顏色，也永遠沒辦法辨識出彩虹的起點與終點。

倘若我能接受，我用來看彩虹的有色眼鏡，只是眾多有色眼鏡中的其中一副，就代表我已經準備好承認，我所看見的真實，不過是眾多可能性的其中一種，如此一來，我就為自己開啟了改變的契機。

「事情也可能有所不同，還有待商榷。」這樣的想法，能開拓一條走向改變的路。

杜爾的海浪

杜爾（Hans-Peter Dürr）是位德國量子物理學家，他在年輕的時候，就投身於這個職業，因為他很想知道物質的核心究竟是什麼，又是什麼組成這個世界。根據他自己的玩笑話，為了解答這些心中的疑問，他曾經拿起一把斧頭，把一張桌子劈成兩半，將其中一半再劈成另一半，然後不斷重複這個動作。會這麼做的人，大概就能成為量子物理學家。

因為量子物理學就是要把物質從可辨識的形式中分離出來，桌子必須失去之所以成為桌子的原因，這樣我們才能找出，桌子之中究竟有什麼。在這個過程的某一刻，終於出現了原子，也就是沒有任何形式的物質（不是桌子、不是手臂，也不是一張紙）。然而，眾所周知的是，原子仍然是可被分割的。

接下來發生的事相當耐人尋味。人們開始切割原子，也在分割的過程中，測量到震動、波動及磁性。因此，人們認為，原子中一定存在更小的粒子，才會產生這些現象，學生也在物理課時學習這樣的觀點：物質會引起震動，只要出現震動，就代表有物質存在。對此，杜爾卻看得更深入，也有不同的見解。

他認為，就算有震動，也不代表有某種物質存在，更不能證明原子中有某種具體的東西，我們應該要用其他物質或具體事物之間的反應，來推論有沒有物質存在。

那麼，這些波動從何而來呢？杜爾的答案是：這個問題大錯特錯。我們根本找不到原因，因為原因並不存在。我們總是以為萬事萬物皆有前因後果，但因果關係並不適用於微觀世界。

因此，杜爾認為，這個世界上最小的單位不是原子或夸克，而是「有效體」（wirks）。他發明這個字，是用來表示一種「會產生作用的單位」。今時今日，每個人其實早就都有和有效體共存的經驗，畢竟抽象的關係無所不在，比方說手機通訊就是一例。「手機上的天線會在特定區域內以某種方式震動，藉此產生波動，一旦我巴黎的朋友接收到它，就能形成對話。」杜爾曾這樣開玩笑，但這確實也進一步指出，對話不是單憑物質就能產生。光靠手機與無線電發射塔根本無法解釋手機通訊這個現象，換言之，物質並非手機通訊的本質。

藉此，杜爾為眾科學家得出了一個非常精神性的結論：我們的世界並不是建立物質上，而是建立在關係上。所有的事物都彼此互相穿透，息息相關。

也許我們可以把杜爾所說的波動想像成海浪。波浪會形成波峰，如果從高處看，會感覺每道波浪都是獨立的個體，波峰彷彿能望著另一個波峰說：你在那裡，而我在這裡！但是在更深的層面上，卻非如此。因為每道波浪都和另一道波浪相連，而海洋則由滔滔不息的波浪所構成。我們人類和其他動植物一樣，都只是汪洋中的波峰。我們不是活在自然或生物圈中，而是自然與生物圈的一部分，也是地球這個有機體的一部分。

接受自己身處的這個世界環環相扣，循環不息，能幫助我們不會因難別而焦慮。我所離開的過去，與即將出現的未來，只不過是在可能性的海洋中的一部分而已。我從中學習到，就算是放手，也可以帶著愛放手，而不是像丟掉燙手山芋那樣粗暴，即便兩種方式的結果都是離開，但心態截然不同。接受這個世界上的一切皆環環相扣，就能以更平靜的心境面對改變，改變也會變得更為簡單。

小結

- 蘇格拉底的蛋糕告訴我們，學海無涯，我們其實一無所知，而接受這件事需要足夠的謙卑。
- 威爾伯的彩虹指出，我們都努力地用自己的工具追尋知識，卻不知道我們永遠無法完全洞察自己身處的複雜環境，接受這件事也需要足夠的謙卑。
- 杜爾的海浪告訴我們，個人並不是和外界阻隔的單一個體，恰好相反，每個人都和這個世界緊緊相連，息息相關，接受這件事，需要我們對自我的存在秉持著謙卑的態度。
- 只要採行謙虛的三步驟，我們就是大大促進了自己（以及這個星球）的健康。

每一天，都是改變自己的練習

在紙上畫出前面提到的蘇格拉底的蛋糕後，將這張紙貼在浴室的鏡子上，每次進浴室時，都認真端詳一下，並持續大約一週的時間。

閱讀一篇解釋某件事的短文（比如說世界的起源、如何為人處世之類的），最好挑選一篇你打從心裡反對，認為它簡直是「胡說八道」、「邪教」或是「垃圾言論」的文章。請有意識地（我知道這可能會讓你頭很痛）閱讀它，試著想想看、找找看，你有沒有可能同意這篇文章，或者同意其中的某些觀點。

靠近一棵樹，然後擁抱它。接著，試著想像一下，你和樹是兩個分開的個體這件事只適用於我們生活的這個世界，在原子物理學的世界中並不存在這種切割。在想像的同時，請閉上雙眼。完成這個練習後，也如此擁抱你的伴侶看看。

第7則

改變之門

Tore der Veränderung

艾爾文．維克爾（Erwin Wickert）在一九五四年寫了一部廣播劇《課堂作業》（*Klassenaufsatz*）。劇中，歐布普里瑪學院的學生要以「我計劃中的生活」為題，寫一篇作文來描述他們對未來人生的規畫。其中，穆勒德蒙的故事《穆勒德蒙的五十年計畫》格外感人，光是這篇作文的標題，就讓全班的學生情緒高昂。穆勒德蒙朗誦著：「我將會學習法律，前兩個學期我會在基爾讀書，接下來兩個學期會轉至海德堡，最後四個學期會前往柏林，在第八個學期，我會通過國家考試……一九三六年接受政府任命，一年後結婚，大概在一九三六年或四〇年生小孩。」說到這裡時，大家的情緒越來越沸騰，他於是繼續說道，「我計劃在六十五歲時退休，退休後我會搬到德國中部的城市，在那裡悠閒地畫畫。」

穆勒德蒙將未來規劃地得井井有條，令人驚訝的是，他計劃的每件事的確都如期實現，分毫不差，不論是學業、婚姻、公務員生活，以及悠閒的作畫時光都是，「穆勒德蒙在他的人生裡，只有一次偏離了計畫」廣播劇的聲音悠悠地說，「他突然間放棄了這應該如期完成的五十年計畫。他的太太在某個週末外出度假，回家時一打開門，就發現他在走廊上上吊自殺。但沒有人知道原因。」

維克爾讓故事停在這裡。答案其實不言自明。我們無法忍受被預先規劃好的事，一成不變的生活會扼殺創造力。連死亡的時間都被預先設定好，穆勒德蒙大概受夠了這樣的生活，而證明自己是有創造力的生命個體的唯一機會，就是重新選擇自己的死亡時間。

遵循計畫生活，帶來的只有無聊

如果我們總是能預知未來的發展，一定會有滿滿的安全感，但生活也會因此變得乏味無聊。與成年人相比，小孩需要相當多的可預測性，他們能接受重複聽同一個故事千遍萬遍，喜歡一遍又一遍地看同一部童話片。就算是同樣的情節，還是能讓他們心跳加速，但他們也會漸漸習慣，並從中成長。小孩喜歡簡單明瞭的規則，因為這能滋長他們星星之火般的叛逆，而隨著年齡增長，人會越來越渴望自由、求新求變，會帶給小孩安全感的事物，成年人往往無動於衷，當然並非一定要歷經失序與混亂，才能激發出創造力。但不管怎麼樣，像穆勒德蒙這個角色的單調生活，絕對令人窒息。

然而，我的確認識以類似方式生活的人。這些人忽視人生旅途上的那些敞開的誘人大門。儘管大部分的門上，都掛著「禁止進入」的標語，但我們還是會暗自揣測，想知道打開那扇門後，究竟會發生什麼事：踏過那扇門，探探頭，呼吸一口禁忌的空氣，然後看看被禁止的究竟是什麼東西，又是出於什麼原因。

二〇〇六年，我所策劃的《愛欲》[3]的首演辦在一間餐廳裡，我當時在入場的門上掛了一塊「愛欲——禁止入場」的牌子，但門是敞開的，餐廳裡也燈火通明，等著招攬來客。有意思的是，有些客人雖然打量了一下這塊牌子，卻仍豪不猶豫地進場，有些客人卻卡在門口徘徊等待。後來，我到場外解救了他們，帶他們入場時，有位客人問起為什麼會掛上這個牌子。我說因為這齣戲談的是愛情、性愛和出軌，大家都知道出軌是被禁止的，所以才有這個牌子，但還是很歡迎他入場，已經有很多人在裡面了。他一聽便笑了起來。

每件事都有一扇改變之門

出現在人生旅途上的改變之門有股神奇的魔力，十分誘人，而我們也明白，一旦進門，某些事一定會有或大或小的改變。穿越改變之門這個行動總是具有某種絕對性，畢竟一旦改變，就再也無法回歸原狀。有時我們是被扔過門後，有時則是在不知不覺時穿過改變之門，連自己已經穿過門後，都沒有察覺，但有時我們卻是下定決心，全心全意想改變自己。

這是生命中極為重要的時刻。強烈的自覺一旦產生，就會對我們造成很大的影響。有意識地下定決心通過改變之門，就是在做獨一無二的自己。在人生的路途上，改變之門比比皆是！我們有時候只是不經意經過，有時候則是好奇的在門口徘徊。雖然大多數的時候，我們可能根本沒有注意到改變之門，但它偶爾卻會對我們產生極大的吸引力，讓我們很想把門打開。無論如何，可以確定的是，改變之門一直在我們身邊。我們望眼欲穿，思索著它的存在，但如果真要開啟這道門，又不禁惶惶不安。我們心知肚明，門後一定有東西在等著我們。

在每道門口，都會有個震撼的相遇：現在的我，會碰見「我可能成為的那個人」，「我該怎麼做」這個問題也會隨之浮現。我該義無反顧地和「潛在的我」打交道嗎？還是就客套一下，直接和他道別呢？其實，不論怎麼選擇，都沒什麼關係。沒有人強迫我們，非得越過改變的大門不可。而且我們所身處的社會，其實對個人的變化毫無興趣，大家都只想著安於現狀。這個社會對守成異常堅持，沒有人會說：「對，穿過那道門吧！改變一下自己吧。就算因為你改變了自己，我們再也無法彼此了解，變得鮮少見面，甚至斷了聯絡，那也沒關係。」不論是伴侶、朋友或是家人，沒有人會這樣想！就外在的環境而言，沒有人會支持改變。個人的改變確實只涉及「個人」，改變自己的過程可說是相當孤獨，而整個社會對於墨守成規這件事，倒是很團結一致。

改變之門百百種，以下是我叫得出名字的門，它們的影響力特別強大。其他我沒提到的門，可能只對個人具有效力，或者，只會突如其來地出現，就像僧侶在淋浴時突然頓悟一樣。或許，你也曾在飛蠅釣時，在甩竿的那一剎那間，改變了自己的人生，進入更高的境界，那麼這毫無疑問就是改變之門。但對於其他人來說，那可能只是個無關緊要的乏味瞬間。

接下來我想簡單介紹幾道改變之門，以及那些潛伏在門前、阻止我們進門的守衛。

寧靜之門

走入寧靜代表的是心如止水，泰然自若。不論是日常生活中的插曲，或是外界各種人事物的紛擾，都不會影響自己的平靜。我總是推薦那些想進行齋戒，或是想以其他方式修身養性的人，務必要學會獨處。不論是深愛的戀人、親人或是朋友，就讓他們自己待在家裡吧。寂靜絕對不是團體活動。借助德國名詩人里爾克的話來說：「請不要被孤單所迷惑了……愛是獨處。」幾乎所有提倡靈修的學說都會同意，唯有在寂靜中，才能找到自己。

能夠填滿空虛感的事物，往往也會讓我們被牽著鼻子走。然而，非寧靜無以致遠，畢卡索也同意：「若沒有孤獨，就不可能有創作。」倘若我們同意，「寧靜」與「孤獨」兩者相輔相成，那要說這兩個字是同義字也不為過。不過，自己一個人窩在沙發上看電視或打電動，只能代表獨自在家，根本談不上寧靜，更別用說孤獨了。

寧靜是偉大的改變藝術家，因為在寧靜之中，我們才能和事物保持適當的距離，不論是五官或是心靈的感受，都會因此更為敏銳。寧靜容納了各式各樣的可能性。

而寧靜之門的守衛會全力讓寂靜消失在生活之中，他會想方設法讓我們坐立不安，放肆尖叫，因為哭鬧很難收拾，所以他很容易就達到目的。「當心，」守衛會這麼說，「一旦你平靜下來，一切就結束了。」但這其實就是寧靜的意義——沒有終結，新的事物便無法誕生。除此之外，守衛還會威脅我們：「要是你繼續保持鎮定，還不跟上潮流，你就會被大家討厭。」於是我們驚慌失措，瞎忙亂走。

藝術之門

藝術之門開啟的是心靈的創造力。當我們沉浸在思索哪個押韻最恰當，或是下一筆該用什麼顏色時，就像置身另一個時空中一般。「每個被愛神觸碰到的人，都會變成詩人。」柏拉圖曾激情澎湃地這麼說道。愛神的觸碰會令創作者全神貫注，和自己的作品彼此融合，相得益彰。全心全意的投入，意味著遠離了舒適圈，但也唯有在出乎意料的舒適圈外，創造力才得以發揮。任意揮灑各種材料與靈感，才能讓創造力綻放，所以那些能感受自由、盡情創作的藝術工作者們，才會看起來令人難以捉摸。

不過，藝術之門的守衛會說，藝術需要天分，也許別人在藝術上天賦異稟，但可惜在你身上沒有這種天賦，或者就是你的天資不夠。你還是趁早放棄吧，與其當個畫家，還不如當個油漆工。倘若你已經入行，正從事藝術工作，守衛便會提醒你要有金錢觀，甚至努力讓商業考量扼殺你的天分。你珍貴的創作，會立即變得一文不值。守衛會警告你：「如果你非作畫不可，不要畫什麼藝術作品，畫些可以賣錢的裝飾品吧！藝術不藝術根本不重要，重要的是有沒有帶來『效益』！」

哲學之門

哲學（Philosophie）這個字的本意，便是對真理與智慧（sophia）的愛（philia）。哲學追問生命的本質，反對盲從和既定的前提，因此，不論是對宗教或是科學，哲學都秉持著懷疑的態度。對宗教來說，哲學太過理性了；對科學來說，哲學卻又太過隨性。但正因如此，我一直認為哲學至關重要。哲學盡力填補了科學和宗教之間的空白，並在必要的時候，挺身而出質疑僵化的思想。尼采說，「哲學肩負懷疑的使命」，他也在書中清楚指出哲學家應該怎麼做。他認為，哲學家應該跳脫常理思考，因為如果不能跳脫常理，那思考又有什麼用呢？隨波逐流的思考膽小又軟弱，總是嘩眾取寵的想法根本稱不上反思，頂多只能算是附和別人而已。

偉大的新思想横空出世時，是一種對生命的解放，就像點了一盞燈，照亮了過去埋沒在黑暗中的真理。在燈光下，受到哲學引導的心靈終於看見：原來如此，事情是這樣啊！

歸根究柢，哲學也算是一種充滿反思的文學形式，思想可以在其中任意翱遊。尼采雖然是哲學家，卻也寫下許多精采的詩篇，里爾克是詩人，但他的每首詩都是純粹的哲學。哲學也是一張邀請函，邀請我們去了解格言裡的人生，只要能真正讀懂潛藏其中的寓意，就能改變這個世界。

然而，哲學之門總是飽受宿命論的威脅。哲學之門的守衛會說，雖然反思真理、美與善是一件聽起來很不賴的事，但是這卻對實際的人生毫無幫助，畢竟，世界怎麼運作和哲學思考可是截然不同。如果我們真的相信他這番鬼話，他所說的就會成真，而我們當然不能讓這個遺憾發生。

博愛之門

因為博愛，我們會無條件地對全體人類付出，博愛也使得我們更有同理心，己所不欲、勿施於人的態度，能讓我們走出自己狹隘的交友圈，欣然接受自己是這個地球村的一分分子。當我的奧地利同胞主動接受尋求庇護者，還提供他們生活所需時，我感到非常欣慰。助人為快樂之本，這也提醒了我們，所有生存在這個世界裡的人，都應該團結一致，因為這代表的是：倘若是我自己陷入困境，我也會擁有要求得到庇護的權利。也許我們不能在科學上證明沒有人是一座孤島，但是卻能親身感受到這種人與人的連結。

可惜的是，我在網路媒體上讀到許多以「正常公民」為題，討論難民議題的主張與文章。這些言論就是博愛之門的守衛會說出的話，也就是那些自私自利的人的想法：「同理心是很好啦，但是……。」每個「但是」都是在對「無條件的愛」放冷箭。如果我們開始對基於同理心的行為斤斤計較，或者為同理心設定一個，如同經濟學的供需平衡原則，博愛之門就會在我們眼前瞬間關上，而我們只能停留在原地，因為恐懼而簌簌發抖。對投票反對同理心的人來說，最令人畏懼的莫過於：我最好不要遇到什麼困境，也最好不要遇到像我這種冷血自私的人。

愛之門

一旦跨越愛之門，嶄新的自我也會隨之誕生。有了愛，就能認識到全心全意的付出、對心中特別的那個人、對整個社會與地球的付出是怎麼一回事。愛，也許就是我們能夠親身體驗的狀態中，最強大的一種狀態，而且，愛也是一種崇高的感覺。又或者，愛的地位凌駕一切，法國作家辛格（Christiane Singer）就曾說過：「愛不是一種感覺，而是創造的本質。」若真是如此，愛可說是宇宙的基石。不過，就算不認同這種帶有神祕色彩的論調，也不會有人因此看輕愛的價值。

「無論如何，把愛視作世界基礎的這個想像，相當壯麗。」匈牙利文學奇才伊斯特海茲（Péter Esterházy）如是說，「雖然不是很能說服人，但確實很壯麗。」

在實際的生活裡，這種壯麗感並不罕見。宇宙是不是建立在愛之上，其實無關緊要，畢竟在戀人的世界裡，愛就是一切的基石。在相愛的人眼中，所有的一切皆滿溢著愛，帶著愛意，愛人們改變了自己的言行舉止。投身於愛之中的人，同時也投身於改變，改變著自己與他人。

但愛之門的守衛會把門關上，然後在門前掛上「私人事務」的牌子。愛雖然不是禁忌，卻總是被監督著。監督愛的機關會說，為了整個社會的風氣，愛這種事只能私底下進行。因此，縱使每個人都那麼渴望愛，但在日常生活中，愛卻很少出席在公開場合上。一位年輕的醫生曾悲傷地告訴我：「愛這個字在醫學院裡從沒出現過。」沒有大學會教我們體貼、同理心或愛，也沒有任何監督委員會主席、政客、領班以及學校校長會公開談論愛。愛之門的官方管道被隔絕，禁止任何人進入，只能被流行歌曲所傳唱，然而，大部分關於愛情的歌，卻在勸說我們關上愛之門，不要輕易打開它。

性愛之門

美國心理學家馬斯洛（Abraham Maslow）把性視為人生的必需品，他認為，性就像飲食與住所一樣不可或缺。性並非什麼怪癖，也不是遙不可及的願望，性只是人類的基本需求。因此，我們不應該忽視、或是對性漠不關心，雖然無知的衛道劇老是要我們遠離性愛。

性絕不只是生活必需而已，就連聖經也曾提及性的地位。聖經用極為詩意與貼切的表達方式「彼此認識」來描述性行為。在創世紀第四章第一節裡這麼說：「亞當認識了他的妻子夏娃，夏娃就懷孕了。」在路加福音第一章三十四節裡，瑪利亞則問道，「為什麼我一個男子都不認識，這件事（有了小孩）就發生了呢？」

以詼諧犀利的手法討論聖經的著作而聞名的猶太宗教學者拉彼德（Pinchas Lapide），也在作品中說過，「用掌握手邊事物的方式，來讓人掌握事物的意義，能夠引起集體的高潮。」所以說，連聖經也知道，在性的交合中，蘊藏著知識的泉源。「人們完全不會去了解自己討厭的事。」德國大文豪歌德則認為，「對某件事的知識越深、越完整，代表對那件事擁有越堅定、越強大、越猛烈的愛。」

兩個人可以像現代人所說的那樣「上床一起睡」，或者如聖經所說的「互相認識彼此」，也就是真正的了解對方，然後從中昇華。性也算是一種最容易上手的冥想方式，藉由性，甚至有機會能意識到精神世界的存在。

一般而言，「有所認識」指的是對某件陌生的事有了新的看法，但「認識」可不是坐在那裡憑空思索就能達成的，認識由經歷構成，而經歷就和做愛一樣，是一場全面的感官體驗。

「情欲的能量一旦被使用，或許地球上所有的生命都會徹頭徹尾地改變也說不定。」然而，上帝卻擋在前方，「你不該有所認識！這句話引發了接下來的事。」尼采在《上帝之死》（*Antichrist*）中這麼寫道，他在這部作品中，大肆批評了道德，特別是基督教式的道德觀。

性是一種認識的過程，而認識卻一直在挑戰道德。因此，從最廣泛的意義上來說，交媾的人往往是違背道德的人。《金賽性學報告》（*Kinsey-Report*）中的結論十分耐人尋味：性行為最頻繁的人遍佈在社會的底層（例如罪犯和性工作者）、社會的最高層，以及藝術圈裡，在這些人之中，特別是那些目無法紀的人，往往不覺得性愛有什麼問題，也毫不懼怕由於破壞公共道德所引發的制裁。

有一個被馬基維利所啟發的政治原則宣稱：若能控制一個人的床笫之事，就能掌控這個人。而這個原則，宗教與政治一直謹慎地遵守。性愛之門的守衛也會利用這個說法，「你最好什麼都不要認識！」他們會這麼說，然後告訴我們，大部分的時候，性愛是被禁止的，會被禁止的事物，一定有其被禁止的原因，所以我們不該這麼做。

精神之門

精神之門的存在意味著，我不只是一副軀殼，也不只是個思考機器。除了這副身體以外，在我之中還存有某種精神性的、更高層級的東西，而這不必然一定是神或是和神有關的想像。宗教性只是精神性的其中一種可能的形式而已。被宣告為無神論者的人，也可以擁有深刻的精神性，也可能會在冥想時，或是在大自然中，感受到不屬於現實世界的神祕體驗。或許可以概括地說，藉由精神之門，我們能感受到另一個世界的存在，在那個世界裡，生命不僅是柴米油鹽醬醋茶的日常瑣事而已。人類可以在那裡發現除了商品與金錢交易外的寶物，藉此贏得心靈上的富饒與純粹。

精神之門的守衛卻會說這是「神祕主義」，並且取笑「心靈」這個概念。他會引用犬儒主義的主張，或是用「不要捕風捉影啦」這種說法，來阻擋我們認識另一個世界。他會對我們說，信仰不可信，只有證據可信。如果在今日，有人像聖方濟一樣，將太陽和月亮奉稱為自己的兄弟姊妹，很可能會被守衛貼上「神經病」的標籤，甚至會遭到大眾鄙視。在十七世紀前後的啟蒙時代，塑造了一股實事求是的風氣，這股風氣一直延續至今。在這股風氣底下，人的理性與信念都和科技發展劃上等號。然而，這種風氣阻礙了感受，以及通往另一個世界的道路。如果尋找精神之門的人不得其門而入，他們很可能會轉而跟隨酒精、藥物，或是樂透彩的指引，終將誤入歧途，走入死巷。

疾病之門

生病，不論是輕微感冒還是重病，都是一種可能會促使我們改變自己的生命體驗。倘若我們側耳傾聽，就會發現，即便是流感也有其精神上的附加價值。疾病會告訴我們，我們不是鐵打的，應該要停下來，讓自己休息一下。全力以赴與求知若渴的態度，大概是疾病所能激發出的，最富有創造力與生命力的事。疾病之門，特別是重病，可以引導我們思索什麼是生命中重要的事，並向我們展示，生命中真正重要的是什麼。生病的時候，我們會意識到每分每秒都珍貴無比。「也許在我們之中，只有那些曾有過幸福，又有機會經歷枯燥而漫長的疾病的人，才能去思索，幸福究竟是什麼。」法國作家辛格曾這麼寫道。如此看來，重病或可算是一種契機，因為，辛格也說了，「在我們日復一日的貧乏人生裡，唯有疾病，或許能帶來改變命運的裂痕——宛如驚喜地發現新大陸那般……我們不再把這個世界視為理所當然。」

著名的物理學家霍金說過，他感謝這讓他無法動彈、困在輪椅上的疾病，因此他才能展開了一場思想與內在的旅行。這種面對疾病的心態，絕對有巨大的力量。

像霍金這般懷抱著感恩的心，或如辛格把自己身體上的嚴重缺陷視為一種幸福，這種想法告訴我們，即便是在生命的低谷，可能性卻一直都在。人類擁有一種偉大的能力，能夠讓我們在黑暗中看見光明，在缺陷中找到生機。

不過在今日，疾病之門的守衛可是手腳敏捷，總會搶先一步動作，只要有一點頭痛的跡象，他們就會勸你趕快服用藥效強烈的止痛藥；一旦有些傷心，就要你盡快服用抗精神病藥物。但是疾病與挫折其實是再自然不過、必然會發生的現象。疾病會增強抵抗力，甚至能幫助我們變得越來越好。

健康的特點就是會讓人「毫無感覺」，這容易讓人輕忽大意，以為健康唾手可得。而疾病與疾病所帶來的疼痛感卻相當明顯，我們會因此心生警惕，一心想消除疼痛感。這或許正是疼痛微妙的任務：為我們指出通往健康的方向。

死亡之門

死亡擁有巨大的力量，更是一道不容忽視的改變之門。死亡之門是唯一一道永遠敞開，且會不斷出現在我們身邊的大門。喔，這還真是好啊，你可能會語帶嘲諷。

我們當然不需要為了改變自己，馬上跳樓自殺。只要開始考慮死亡這件事，把死亡視為生命中的一部分，就能幫助我們改變自己。在生活中，生死交關的場景就和中樂透一樣十分罕見，但人們寧可花時間去幻想樂透彩金，卻不去思考最後一定會降臨的死亡。大家都期盼中樂透之後能得到幸福，卻不了解，要怎麼在死前過得幸福一點。

有的時候，我們所愛的人或身邊親近的人會面臨死亡，這的確是我們不得不面對的處境，但不代表我們只能無奈以對。面臨這樣的處境時，我們應該坦然接受，盡自己所能地付出，就像對愛奉獻付出一樣。愛與死亡，兩者都需要全心全意的付出，才能開花結果。努力想像有關死亡的一切，就會知道克服死亡需要些什麼，也許是痛苦和眼淚，也可能是憤怒、失望、甚至絕望。但無論如何，死亡總是和放下與承受有關。面對死亡能讓我們成長，甚至可以說，學會死亡，才知道如何生活。

不過，死亡之門的門前還是有守衛把守，他會警告我們，最好離死亡這個議題遠一點，「別往裡面看！死亡和人生八竿子打不著！」這句話扼殺了討論死亡的可能性，更阻止了我們在思索死亡時，可能會激發的生命力。

門與改變

我們心中的所想所望，與我們達成願望的方式，通常毫無關連。因此，目標和通往目標的路線，往往很難刻意規劃，也難以相互連結。

而我們真正想要的，其實正是「改變」。改變職業、伴侶關係、父母與子女的相處方式，甚至是改變自己。但是我們往往找不到命運遙控器上的轉換鍵，不知道要從哪裡開始，又該怎麼開始。儘管明白自己應該要做點什麼改變，卻一再對相同的事物失望。於是，在突然間，可能是因為生病，或是與某人的邂逅，或是在一本看起來沒什麼意義的書中，所讀到的一句以前從沒想過的話……在這樣的衝擊下，改變之門出現了。我們穿越它，或者糊里糊塗被扔過這道門，然後宛若新生，一切赫然不同。

誰會希望得到這種病呢，或者，怎麼可能想得到，竟然會和那個人相遇呢？完全無法事先預料，但事情就這麼發生了。改變之門往往不是我們一直以來全力追求的，它的出現總是令我們措手不及。

因此，改變藝術家要做的，就是接受各種突發事變，並不斷突破自己。倘若不能準確地規劃路線，那麼我們可以做的，就是隨時保持警覺，注意路標。而這必然需要一種開放的心態，並保持開放的思考（雖然恐懼常常出來攪局）。如果能隨時把自己準備好，並保持開放的心胸，就能認出橫亙在人生旅途上的一道道改變之門，並學會怎麼使用它。

要怎麼認出改變之門呢？

所以說，的確有一些改變之門，是我們能夠大步邁入的（這些門的名字我在前面幾頁已經大致列上），不過，要怎麼認出它們呢？又該如何區分這道看起來不太牢靠的門，究竟只是一道通往地下室的門，還是是通往另一個世界的門呢？畢竟門上又沒有標籤。

其實在某種程度上，確實是有標籤的——渴望與抗拒同時出現，就是改變之門的特徵。改變之門會一邊吸引我們，一邊又把我們嚇退，接受與反對總是同時出現。雖然想前進，但我們也感受到心裡的抗拒；雖然被擊退，但卻又感受到誘惑。只要接受與反對同時出現，我們就應該提高警覺：自己想要某種東西，卻有人說我們不該得到它，但為什麼我會想要得到自己不該獲得的東西呢？又為什麼，我不該得到自己想要的東西呢？

至關緊要的改變之門是戒備森嚴的。相較之下，迪士尼樂園的入口處可不會有人阻止我們進去，裡頭會有裝扮甜美的仙女，雀躍地跳著舞，發優惠券給我們。四個小時候，雖然身上有些汗臭味，但我們會毫髮無傷地出來，就這樣而已。

但如果在某處的門口站了個妖魔鬼怪，說：「不行，你不准這麼做！」那麼，這就是一道改變之門。恐懼正是人生旅途的指南針，恐懼越強烈，門與我們之間的距離就越近。這也是文化背景造成的結果，因為我們所身處的文化總是教導我們，重要的事往往是禁忌。而恐懼就和禁忌一樣，具有保護作用，可以幫助我們遠離不幸，但我們鐵定有選擇的餘地，我們可以自行檢查，思考該如何應用恐懼，以及何時該因為恐懼停下腳步，不再前進。

每一天，都是改變自己的練習

花點時間進行這個練習吧。

請拿一張紙在手上，畫一條長長的線，直線或曲線都可以，隨便你想怎麼畫。這條線，就是你的人生從出生至今的時間軸。接下來，用鉛筆標記出所有你曾經歷過的「改變之門」，以及它們大致發生的時間。你會發現，在你的人生裡已經出現過數道改變之門，而你也沒有錯失良機。因此，請對自己有信心。如果今天，你心中萌生了想改變的念頭，你應該告訴自己，這並不是你第一次試著改變自己。

也可以用其他顏色的筆，標記出那些當時你選擇不打開的門（如果你還記得它們的話）。除此之外，也可以用其他顏色，標記出在這段時間軸裡，你所經歷過的「三件了不起的事」以及「三件糟糕至極的經歷」，以及「三件最美好的體驗」。

請好好檢視一下自己的人生歷程！我們的人生旅程多彩豐富，實際上就是一條改變之路。要有信心，這一次，你一定也能好好掌握。

小結

- 在人生的旅途中，會有許多我們可以穿越的改變之門。
- 只要想要與抗拒同時出現，你就能認出不遠處有改變之門。改變之門會一邊吸引你，一邊卻把你嚇退。
- 穿越了改變之門以後，舊的自己或多或少會有一部分消失。在新的場域中，許多（有時候是所有）事物將有所改變
- 前往目的地的路往往難以預測，也無法規劃，請保持開放的心胸吧。

第
8
則

穿越改變的大門

Das Tor der Veränderung durchschreiten

一旦踏入改變的大門，很多事物都會有所轉變，有時甚至是一切都截然不同了！這讓人有點喘不過氣，甚至出現強烈的情緒起伏——從狂熱到無以名狀的畏懼都有。穿越改變的大門或許只需要一步，但這一步絕不是漫不經心的散步，而是要竭盡全力地去突破自己，才有可能發生改變。

突然出現的強烈情緒會引發劇變，懷著熱血沸騰的心情，我們會清楚知道，接下來該做什麼。這是一條不歸路，但我們必須勇敢跨出那一步。所有轉變的過程，就像是某種固體逐漸溶解，是轉變成另一種心靈固態前的過渡期。

步驟一：消融「自私的我」

「自私的我」是虛榮心的根源，我們往往花費大把的時間，只為了取悅這個「自私的我」。每天一大早，就在鏡子前忙著化妝、刮鬍子，其他的穿搭、談吐、交友這些事，都是為了滿足「自私的我」的需求。只要對「自私的我」深信不疑，就會誤信他光鮮亮麗的場面話。這確實是我們的生活方式，所以也沒什麼好責難的，只是長遠來看，這無法幫助我們突破自己。

「自私的我」並不想有所改變，也不想堅持什麼，純粹是賣弄表現而已。「自私的我」的所作所為，就只是一場表演。「自私的我」是「真正的我」認為必須塗在自己身上的顏料。因此，一旦「自私的我」決定退居二線，不再佔據主宰的地位，這絕對是件舉足輕重的大事。「我」下了決心不再自私，這絕對不是什麼微不足道的小事。這代表，我讓自己的人生表演秀中場休息，想看看幕後有些什麼。我想探索的不是舞台上的角色，還是扮演角色的演員；不是預先設定好的對話，而是寫下劇本的作者；不是舞台的佈景，而是劇場原本的模樣。

一旦穿越了改變的大門，「自私的我」便會消融。

步驟二：消融「真正的我」

自私的我一旦消失，「真正的我」這個真實的自己就會浮現，而大多數的時候，我們很少關注「真正的我」。自私的我，是我假裝適應了外界期待後所生的產物，而「真正的我」，則是原本的自己。「真正的我」，是我最真實的樣子，是自己的世界。「真正的我」喜歡被傾聽、被重視，卻不想成為自私的我所期待的樣子。只要仔細傾聽「真正的我」，就會知道自己該做些什麼，但這不代表已經清楚認識了真實的自己。

想認識自己，「真正的我」必須先停止胡思亂想。於是，在內心深處那本寫滿指令的劇本會被闔上，過去總是訴說著「我是誰」的聲音也會安靜下來。過去習慣的模式，就像雨中的街頭藝術一般，逐漸褪色。

這就是通過改變的大門時會發生的事。就連「我自己」本身都突然不再重要，並且有所轉變。我們進入一種「遺失自我」的狀態，此時此刻，「我」已無關痛癢，至關緊要的是其他事物。

步驟三：狂熱與超越

一旦「真正的我」不再重要，我們便能進入最率真的境界。這是一種在生命中赤裸裸的狀態。而狂熱的感覺會讓人更加敞開心胸，來者不拒。越令人熱血沸騰的事，就越能撼動人心。

「狂熱」（*ékstasis*）這個希臘文的意思是陷入不能自己的處境，這是一種特殊的心靈狀態。意識感覺就像「擴散開來」，再也無法被原本慣有的思考方式所限制，於是自我超越、突破，進而脫胎換骨。

轉換

在每一道改變之門的門前，都有一段轉換期。當我們下定決心緊握著門把，確知自己正要踏下穿過這道門的關鍵步伐時，心臟會砰砰跳個不停。站在兩室交界的門檻上，過往的事物已遠去，新的事物卻仍未到來。雖然已經離開了舊的場域，但尚未踏進新的場域，過去已逝，未來才要開始。這是個曖昧不明的處境，如果有人問：「你現在在哪？」我們只能回答：在變化之中。那是不在這裡，也不在那裡的模糊地帶，懸而未決讓人緊張兮兮，就像馬戲團中空中飛人的手剛剛放開鞦韆，卻還沒抓到下一個鞦韆前的那一刻。

我個人很喜歡人生中的這些灰色地帶。這是個介於「不再如此」與「尚未完成」的過渡空間，有點放空度假的味道。在這個灰色地帶裡，什麼都無法確定。在這懸而未決的狀態下是會出現快樂或煩惱，則取決於這個狀態持續的時間。有時，這段時間真的短到只有踏出那一步的瞬間，但有時卻可能長達數日、甚至數週。就算明明知道那只是個進門的動作，卻往往讓人感覺，那個剎那宛如永恆般漫長。改變前的轉換期雖然有點難熬，卻是人生必經的過程。

通往不歸路的門

身為各位改變自己的旅伴，我必須指出，比起改變前的轉換期，更令人毛骨悚然的是：改變之門通往的是一條不歸路。一旦穿越了改變之門，就代表有某些事物已拍板定案，再也無從推翻。

在尋常的人生道路上，即便信步漫遊、來回走動，也不會有太多異動，不論做了什麼決定，一切依舊會維持原樣。然而，只要通過改變之門，邁出的這一步就是再也無法扭轉的定案，這會成為一種根深蒂固的體驗，完全無法假裝從沒發生過。

通過改變之門的感覺，會儲藏在我們身上每一個細胞中。當然，我們可以想辦法回到之前的生活環境，比方說，由於對當初的決定焦慮不已，悔不當初，甚至想乾脆一筆勾銷，整個砍掉重練。然而，雖然生活環境確實可以舊景重現，但「生命的狀態」是不可能回復原狀的。從進入轉換期的那一刻起，我們就再也不是過去的自己了，我們思考行為運作的機制也不再相同，任何舉動都無法再讓我們回復原狀。

改變之門名符其實地改變了我們，在人生不斷前進的路程中，絲毫不存在詐騙或欺瞞：或許蝴蝶可以模仿毛毛蟲的生活方式，但是再也不可能變回毛毛蟲。

唬人的包裝

不過，在我們想要靠近改變之門時，自然而然也會出現那種常在超市看到的，看起來很大、其實內容物很少的唬人包裝。總有些敞開的裝飾假門，偽裝成真正的門的模樣。像這樣的裝飾假門門口也會站著一些人，但這些人卻不是在看守，而是在招攬來客，深怕大家過門而不入。

「在學校，人們總在學習如何通過考試。只有如此，才能通往社會的大門。職業訓練或大學學歷也同樣是為了得到證書與學位，因為證書與學位能為我們打開通往特殊階級的大門，在這道門的背後，可是眾人殷殷企盼的目標……這位當事人目前差不多三十五歲，接下來的十年會是他人生的黃金時期，但大約在四十五歲後，他就會被歸類為社會邊緣人物。」

這段話出自史代納（Gottfried Stockmar），他是教育人員，也是漢堡華德福教師培訓講座的講師，他所說的這道門，正是先前提到的故事主角穆勒德蒙走過的門，只要一經過它，就會知道等待著自己的，都只是些沒有絲毫營養價值的即食食品，而這些即時食品唯一的特色就是言而無信。除了正在成長茁壯的自己以外，沒有人能實現承諾你的璀璨未來。

守衛的功用

現在，讓我們再次將注意力轉移到守衛身上，並向他們致敬。讓我們來看看，守衛究竟為什麼要散佈恐懼，也檢視一下恐懼的功用是什麼。首先，守衛為我們指出改變之門的地點。而他們令人印象深刻的強烈行為更引發了「信號效應」，因此在我們的人生路線圖上標誌出「興趣點」。如果沒有守衛，我們很可能會錯失改變的良機，或者掉入唬人的陷阱。所有這些會令我們心生恐懼的行為就像一盞明燈，能幫助我們看清前方的路。

當我們終於看得一清二楚時，就能發現，原來守衛並沒有把門關上！他們之所以站在那裡，是為了協助我們。他們看守的是只有瘋子才准許進入的空間，或許，他們正是為了幫我守護專屬於我的空間，才站在那裡的，就像卡夫卡的寓言所說的那樣。所以，在我還不夠瘋狂，也就是時機尚未成熟之前，他們會持續激發我的恐懼，直到我瘋狂到願意偏離常軌為止。

另外，值得注意的是，在我們身邊無所不在的邊界，其實是在幫助我們形構一個空間。我們總是嚮往毫無限制的世界，卻同時希望自己的房間有道能上鎖的門。其實，邊界的出現再自然不過，但只要有勇氣，我們還是能跨越邊界，超越限制。

不過，邊界經常被誤解。大多數的人認為，邊界就像一座不該跨越的橋。但邊界其實是連結兩個領域之間的區域，可以理所當然地穿越。大家都知道要進入另一個國家，必定得跨越邊界，換言之，唯有跨越界線，才有可能迎接新事物。因此，俗話說的好：要跨越界線，才能有所不同，老是待在舒適圈裡，根本沒辦法開發新的領域。

在人生旅途上出現的改變之門就是邊境檢查哨。只要在旅行必備的護照上，蓋上好奇心這枚入境章，我們就有權過境。問「為什麼要穿越邊界？」這個問題沒有意義，因為好奇心本身就是過境的原因。我們渴望知識、也渴望改變，因為改變能幫助我們獲得新知，而求知本身就是我們追求知識的原因。雖然難免有些恐懼不安，但在我們身上，天生就有種不斷求知求變的天性。

恐懼的作用

接下來，在我們繼續往改變之路邁進前，應該先好好為永遠陪伴在變化左右的恐懼平反一下，用更清晰的視角重新檢視它。恐懼和身體的警戒作用，例如飢餓或口渴，沒什麼差別。只不過，恐懼有一個特點，就是它的來源總是和不確定的事物有關。畏懼人生，畏懼成長，畏懼失敗，畏懼黑暗或光明，畏懼自己太雞婆或太冷漠。恐懼感會讓我們在難以捉摸的情況下保持警戒，這能幫助我們生活。

一旦感受到恐懼，首先必須提高警覺，並心存感激，因為這表示，心靈有某種需求，陷入了困境。就像是飢餓和口渴代表身體需要能量，所以沒必要責備飢渴感一樣。同樣地，恐懼表明的是我們需要安全感，因此也無需譴責恐懼感。如果只是坐以待斃，恐懼感只會讓我們更加驚慌失措！

飢餓也是一樣，要是我們忽視飢餓感，不提供身體所需的能量，只會讓自己更不舒服。但為什麼要讓自己淪落到這一步呢？一旦持續忽視身體發出的信號，置之不理，或是用其他藥物來抑制它，信號就很可能會惡化成疾病。

恐懼無所不在。它的出現表示在狀況不明朗時，我們需要安全感。而這在改變的過程中是無法避免的，因為在改變自己的時候，原本熟悉的處境一定會轉為陌生。

能夠感受到恐懼這件事，具有演化上的意義。我們口中聲稱的恐懼，是一種對威脅的生理反應。腎上腺素釋放，毛髮倒豎，整個生理機制都處於警戒狀態，這會引發內分泌的壓力反應，迫使有機體必須採取行動，讓這種生理上的特殊狀態能盡快結束。在這個過程中，靈活的頭腦不可或缺。像是恐龍這種生物就只有死板的頭腦，沒辦法靈活思考，因此，恐懼在牠們身上只會引發一連串簡單的反應——逃跑、戰鬥，或是找尋更多食物。如果遇上沒有在基因設定好解決方案的威脅，恐龍這種生物便束手無策，只能坐以待斃。

「舉例來說，大西洋鮭魚在產卵之後，會死於自己無法控制的壓力反應。」德國神經生物學家胥特（Gerald Hüther）指出，「但只要交配和產卵的本能被激發，就能抑制壓力反應，在這種情況下，鮭魚顯然不會發現河流有多麼擁擠、河中的魚群多麼爭相恐後、食物又多麼稀少等這些問題。」但等產卵結束後，可能導致牠們死亡的壓力便會浮現，因為牠們不知道該怎麼解決眼前的處境。如果在大西洋鮭魚產卵後，直接將牠們捕獲，然後從上游放回大海，這樣牠們就不會因為壓力而死亡。

但我們不是鮭魚、昆蟲或恐龍。人類已經藉由演化，擁有能靈活思考的大腦，我們不會因為內分泌系統造成的壓力而死亡。就像胥特所說的，「壓力反應就像一位強大的模型設計師」，能讓我們切斷大腦裡原本傳遞訊息的方式，創造一個新的思考路徑。此外，要做到這一點，遠不需要耗費幾個世代的時間，來重組我們身上的基因，而是在我們嚇得屁滾尿流的當下，就能完成。

恐懼源於震驚：我們突然意識到，有些事情並不如自己希望的樣子發展。接著，我們會先對整個情況進行初步評估，檢視會波及生活的影響，以及可能的應對方案，然後才開始應對的過程。在這個過程中，逐漸釋放的腎上腺素和上升的緊張感，也會影響我們的所作所為。

如果我們採行的策略成功，一種看似矛盾的感覺便會浮現：恐懼會轉變成驚喜、快樂、愉快，最後甚至欣喜若狂。只要能克服恐懼，恐懼反而會帶來強烈的快樂，這是種終於大功告成的快感。也是因為這個緣故，許多人會去體驗高空彈跳這類讓人嚇個半死的休閒娛樂：他們就是想體驗恐懼轉換成快樂至極的感受。

恐懼能推動改變。想擺脫的恐懼感，會迫使我們做出抉擇。穿越這道門，或者速速離開吧！現在就採取行動吧！好好享受下定決心後出現的放鬆感，以及隨之而來的巨大喜悅吧！

當然，時間也是其中重要的因素之一。假如一個人沒辦法在恰當的時間內消除恐懼，他的生理狀態會跟著逐漸惡化。比方說，身體會因此分泌過多的皮質醇，整個生理系統不斷被刺激，最後失去控制。接著，大腦會陷入恐慌，人於是產生了懷疑、絕望、或自我放棄的反應。[4]

這些反應何時會出現，因人而異。但在動物身上，我們就比較能辨識出牠們什麼時候會陷入自己無法控制的壓力，難以自拔——以豬隻為例，在豬被帶離豬群幾天，或是被帶到屠宰場時，往往便會崩潰。我們人類也時常會有被帶到屠宰場的感覺，只是這種感覺出現的原因相當主觀，因人而異。對人類來說，要引發這種感覺，甚至不需要外在事件觸發，腦子裡的幻想就十分足夠了。我們幻想的力量常常能將事實加油添醋，甚至大到能把自己壓垮。

然而，如果有人深陷無法掌控的壓力，他還是可以找到脫困的解決方案，因為他別無選擇，必須找到一條出路！身體上所有荷爾蒙都在放聲尖叫，要他這麼做。只是，所謂的「解決方案」，有時可能是逃避現實、生病、吸毒或自殺，若真是如此，我們的處境其實就和鮭魚沒什麼兩樣：只能卡在河的上游，對毫無展望的未來束手無策，最終只能因此死去。

這就是恐懼的辯證法：在可預見的未來中，恐懼也許會帶來無可計量的快樂，也許會帶來死亡。也有可能，在查明之後，我們發現恐懼的原因根本無傷大雅，也毫無根據，而我們會繼續像往常一般生活也說不定。

從恐懼到展開行動

那麼，我們是不是能跳過恐懼，永遠沉浸在快樂之中呢？抱歉要讓你失望了，恐怕沒那麼簡單。唯有不斷成功跨越邊界，也就是不斷克服恐懼，才能讓我們持續認識自己、了解自己，因為我們與恐懼之間的糾葛，打從出生那一刻起就開始了。從母親的肚子裡滑出來的那瞬間，就是生命第一次從裡到外的徹底翻轉，而人生中類似這樣的強烈衝擊會一再出現：青春期、初夜、獨立生活、伴侶關係。這些衝擊同樣都會經歷：緊張、壓力、喜出望外這三個階段。

要想成為改變藝術家的人，都必須和恐懼相處，甚至可能得長期忍受恐懼。若是已經腎上腺素爆棚，進入驚慌失措的狀態，不妨停下來審視一下恐懼的緣由是否合理。經驗顯示，我們的絕望感有百分之九十九來自於作繭自縛，通常都是在自己嚇自己。「人不是因為被下毒而死，也不是因為死神而死，人死於對死亡的巨大恐懼。只要有人以死相脅，人們便一命嗚呼。」奧地利詩人布勞爾（Arik Brauer）曾如此唱道。恐懼其實並不真實！因為引起恐懼的，往往是未知的事物（害怕則有所不同，害怕總是有具體的原因）。

在荷爾蒙施加的壓力下，大腦會開始以錯誤的方式運轉、思考，就像依照錯亂的劇本排戲一樣，這在我們頭腦清楚時可不會發生。請對這種情況提高警覺，如果意識到自己心慌意亂，請大方尋求朋友或其他愛你的人的支持。相互依偎、彼此擁抱、取得共鳴都是好方法。

人是社會性的動物，需要溫暖與親暱，這不是奢侈品，而是生活所需。愛可以幫助我們重振旗鼓，脫離壓力的泥淖，重新取回對自己的掌控權。不要吝嗇向善良溫柔的人、朋友、家人尋求支持，但他們的任務並不是提供建議，而是給予愛和安全感。然而，太過親密的人不適合提供建議，他們雖然會對你的處境充滿同理心，卻不夠客觀。

建議、情勢分析或指引方向，需要冷靜與理性。所以我們雖然可以在需要的時候尋求意見，但絕不是在親密的同溫層內。在交友圈外，會有許多協助者能夠提供中肯的建議，例如教練、諮詢師、心理治療師等等。雖然你不會和這些人相愛、擁抱、互相取暖，但是從他們身上，可以得到客觀、清楚的分析及經驗。

所以：不要畏懼恐懼感！恐懼不但能推動演化，還能激發我們的創造力，讓我們樂不可支，成功改變自己。就像我的人生伴侶維若妮卡（Veronika Victoria Lamprecht）曾說過的，在通往嶄新事物的道路上，總是會有「恐懼亦步亦趨地跟著」，而我們也會清楚看見，恐懼反映了自己內心的什麼需求。

只要我們能和恐懼相處，就一定能通過改變之門。

小結

- 外在環境的刺激會激發內心對改變的抵抗。
- 每個人都會感到恐懼，這很正常。重點是能否傾聽恐懼要對你說的話，以及恐懼背後的需求。
- 不要譴責恐懼感，也不要抑制這種感覺。恐懼感很重要，人會恐懼，就代表自己有對安全感的需求，甚至還能激發創造力。
- 在需要的時候，請大方索取支持吧。人不但需要愛與安全感，也需要清晰與客觀的分析。前者可以由朋友和親人提供，後者則必須仰仗專業的諮詢師。

第9則

什麼讓我們穿越改變的大門？

Was bringt uns dazu, durch ein Tor zu gehen?

燃燒的眉毛與燃燒的心

現在，你已經知道我所說的改變之門是什麼意思，也知道該怎麼辨識出改變之門了。不過，究竟是什麼驅使我們走過改變之門呢？又是什麼讓我們動了想改變自己的念頭？畢竟，人類就像磐石一般不輕易轉移，唯有透過巨大的板手才能使之動搖。

「徹底轉變會在兩種情況下發生，」專門研究意識的科學家卡佩內爾曾解釋，「要麼是墜入深淵般的慘烈，要麼是攀上顛峰般的興奮。」換言之，改變的契機，往往發生在燃眉之急的危急局面下，或是炙熱的心態熊熊燃燒時。

親愛的讀者，你現在身在何方呢？是在動彈不得的深淵底下嗎？事態是否已經緊急到快把你的眉毛燒光了？徹頭徹尾的改變，常常就發生在生死存亡之際。只有在面臨生存上的威脅時，人類運作的機制才會有所動搖。幾乎所有人都是不見棺材不掉淚，要到最後一刻才採取行動，許多人甚至直到最後關頭，都還只是坐以待斃。

危機化為轉機的情況雖然屢見不鮮，但也令人痛苦萬分。一旦到了完全走投無路的地步，人就會逼迫自己做出改變。在這種情況下，還主張自己有選擇的自由，是有些自欺欺人的，因為一旦事態緊急到眉毛都快燒光時，其實已經沒什麼選擇的餘地了。能選擇的只剩下：快點閃人！換個方式吧！只要離開火災現場，我們就安全了，接下來該怎麼辦，其實我們一無所知。在燃眉之急時，根本無法瞻前顧後。

反之，如果是我們炙熱的心在熊熊燃燒，我們的處境就會像是在母親的產道一樣：往出口的路只有一條。為了抵達出口，我們會為之奮鬥、逼迫自己努力、持續戰鬥到底。熱情且堅決的心，會化不可能為可能。

神經生物學家胥特很喜歡在演講時說一個故事：有位八十歲的歐洲男子，他雖然年邁，卻學會一口流利的中文。中文的音節只要不同，就有不同的意思，是格外困難的語言。這件壯舉之所以能成功，是因為這位先生愛上了一位比他年輕的中國女性。這就是炙熱的心所造成的奇蹟。可以確定的是，在極大的壓力下，完全不可能學會困難陌生的語言。

此外，懷抱著炙熱的心，也決不會只是信步漫遊，隨便玩玩，「以為攀上顛峰這件事美好、輕鬆又簡單的人，絕對沒爬過山。」正如卡佩內爾所言，「這種想法是誤以為健行就是登山。」

在人生的道路上，我們是擁有選擇權的。但是，我們是否已經準備好傾聽自己的需求與渴望？我們是否明白，自己究竟想要什麼，熱切渴望哪些事物？如果清楚這些問題的答案，那會是一件很棒的事，因為一旦有了熱情的陪伴，改變自己會變得非常有趣。

但可惜的是，我們常常不懂得傾聽自己，也根本不了解自己，除了大概知道自己討厭什麼以外，從不曾追問自己想要的究竟是什麼。因此，我們總是拒絕踏上改變之路，只要是看起來行不通的路，我們便會加以拒絕，但卻未曾考慮過那些路通往何處，要一直到我們墜入人生的谷底，進退維谷之後——比方說在重症病房裡、在手術後的恢復期、或在大病一場後——我們才會去思索自己想要的究竟是什麼。

小結

▲ 能引發改變的動機只有兩種：燃燒的眉毛或是炙熱燃燒的心。前者是危急關頭，後者則有意思的多。

每一天，都是改變自己的練習

請保留一個晚上給自己，好好獨處！

我們都需要自己的時間與空間，這個時候，不妨播放自己最喜歡的音樂，也許是已經很久都沒有聽的專輯。放心把音量調大吧，不要想太多，就跟著音樂一起起舞，也可以玩一下「空氣吉他」，或是拿根黃瓜假裝它是麥克風，放膽開嗓唱歌。

這也許有點尷尬，卻是個富有生命力的遊戲。音樂是美妙的媒介，可以讓我們重獲活力。如果可以的話，不要急著睡覺，聽著音樂，喝杯好酒，就這樣和自己獨處一整晚吧。

第
10
則

改變之路：意志與奉獻

Pfade der Verwandlung

現在我們已經知道，有兩種推動改變的動機——燃燒的眉毛以及燃燒的心——只要被這兩種動機的其中一種所激勵，我們就會選擇一條改變之路邁進，那又是什麼道路呢？有兩條通往改變的路線可供我們選擇：意志之路與奉獻之路。兩者都能通往最後的目標。傾向意志之路的人認為，這條路較便捷可行，而走在奉獻之路上的健行者，也一樣會認為奉獻之路要來的更好。

意志之路通往的是紀律的山脈。選擇這條路的人心知肚明，前方之路嚴峻難行，他也是為了挑戰自己，才選擇了翻山越嶺這條路。意志之路的起點從設定目標開始。在意志之路上的登山者遠遠就望見目標，一心往目標前進，他所依循的，是心中的理想，也準備好為此奮戰。這樣的人知道，他必須戰勝自己，在接下來的路程上，努力成為自己的主人。踏上意志之路的人不但專心一致，也相當節制自律。

奉獻之路則是一條穿越寧靜之谷的路線。選擇這條路的人明白，這條路並不陡峭，但在這條路上前行的人，心中無所欲求，才選擇了這條平穩的路。奉獻之路從決心踏上這條路時就開始了。健行者知道自己身處何方，決定起身上路，他秉持的是既來之、則安之的態度，因為除此之外他也沒什麼特別的目標。他所依循的是自己的潛能，也已經準備好隨時發揮自己的潛力。這樣的人知道，人生充滿難以掌控的偶然，關鍵在於隨時保持警戒，而他已經準備好面對超乎預期的狀況。選擇這條路的人擁有開闊的心胸，也已經準備就緒。

在意志之路上的健行者完全不解其他人為什麼老是隨波逐流。在他們眼中，其他路線簡直膚淺、太過輕鬆，且沒什麼看頭。對他們來說，選擇奉獻之路的人只是在苟且地自我安慰。

選擇奉獻之路的人則不懂，為什麼走上意志之路的人要那麼冥頑不靈。他們會認為，另一條路根本高不可攀、險峻艱難，註定失敗。對他們來說，選擇意志之路的人只是在魯莽地挑戰自己。

選擇哪一條道路，不僅和自己的個性息息相關，也深受生長環境中傳統教條的影響。但不論怎麼選擇，都不是錯誤的，問題在於：對我來說，哪一條路是正確的呢？

在今時今日，會向白人成年男子——往往是那些撰寫正確行為指南書籍的人——尋求建議的人，大部分都是往意志之路前進的人。身為成功祕訣深獲推崇的運動員代表阿諾史瓦辛格曾說過：「如果你奮發圖強，並遵循我所說的守則過生活，你一定可以在這個國家大放異彩，大展鴻圖。」而他的「第五項守則」是：「努力工作到直到倒下為止！」

他說的話之所以有道理，只是因為這個守則對他來說正確無誤。但親愛的讀者，他所說的話和你們有什麼關係呢？競技運動所須的規律與訓練，難道可以一成不變地應用在所有商業活動與各種生活情境上嗎？難道我們想要成為，不斷逼迫精神肉體發揮最大極限，以致於年邁後苦於各種職業病的運動員嗎？

你真的想要阿諾史瓦辛格的身材和工作嗎？曾有位十五歲的體操選手，她的教練竟然為了比賽要她懷孕，以便她能在孕期中因為荷爾蒙上升的關係，自然地提昇比賽成績，這種方式不會是我們的榜樣吧？一位從奧地利移民到美國的白人男子，他成功的要素，有可能幫助得到生活在克羅埃西亞南方的城市杜布羅夫尼克（Dubrovnik）的動力學家單親媽媽嗎？倘若這位單親媽媽已經工作到快倒下了，難道她真的得工作到昏倒，才能達成人生目標嗎？

對於改變藝術家來說，重要的是認出該走的路。能對事情的來龍去脈有所了解，才是關鍵所在，因為這能把相關的處境，從未知的面紗中揭開。對某件事有所了解，代表有能力加以檢視，而不是盲目地使用它。我們有時會盲目地使用某些規則，正是由於對它一知半解的緣故。只有清清楚楚攤在陽光底下的事物，才有可能被審視、被評估。因此，我們應該要盡可能擴大蘇格拉底蛋糕中，自己能夠認識的那一部分，唯有了解某件事，才能有機會避免它。

和阿諾史瓦辛格一樣，我也是位白人成年男子，而我在這裡所寫的一切之所以正確，也是因為對我來說它正確無誤。此外，我並不想掩飾我的偏好：意志之路與奉獻之路兩者我都喜歡。

從尼采的《權力意志》（*Willen zur Macht*），以及他大力提倡要突破自己的態度，都可以察覺，尼采選擇的是意志與不斷克服自己的路線。與他不同的是，文藝復興晚期令人欽佩的哲學家蒙田，卻主張要往奉獻之路前進，之後我們談到應該對死亡付諸努力時，還會再遇到他。然而，從尼采對這位早他好幾個世代的哲學同業的高度推崇便能看出，這兩條路線彼此並不牴觸，「如果是和蒙田一起的話，會讓我想盡力把這個世界變得友善一點。」他曾經這麼評論蒙田。

以我自己的經驗來說，倘若缺乏堅強的意志，我就會成為無助且茫然的廢物。用隨便的態度根本無法寫書，寫書出版總是有必須遵守的交稿期限，儘管可以延遲，但如果老是一再拖延，就沒有付梓成書的一天了。

我曾經寫過一首詩：

人生與愛，無法延遲，
請把握當下的人生，眼前的愛

因此，為了能保有堅強的意志，我會在自己的未來藍圖裡，立下用來定位的標竿。

然後，我會一邊鞭策自己向前走，一邊注意自己前進的方向。在全心全意投入當下的同時，我也會秉持開放的心胸，來面對沿途出現的每一次偶遇。我盡情享受生命中自然而然的發展，也相信生命的原創性和想像力，遠比被設計好的人生計畫更強大，所以我總是準備好迎接驚喜。

這就是我所選擇的路。一定有其他人，在鞭策自己與保持意志力上比我更有天賦，我並不想對誰說教或糾正誰。唯一重要的是，要學會認識自己，學會將自己此刻的潛力，化為達成未來目標的助力。請為自己找到意志與奉獻的最佳組合吧。只有一件事我能向你保證：這個世界上成天鞭策、要求自己的人可說是絕無僅有；一直埋頭苦幹、奉獻付出的人也是極少數的例外。

此外，儘管選擇的路線不同，尼采和蒙田還是一件事上擁有相同的意見——身為人類，要能夠發光發熱，必須擁有狂熱。狂熱是我們在未來設定的燈塔，照亮通往目標的道路。

只要燈塔的光依然亮著，我們仍然努力朝它前進，就算前行的步伐再怎麼蹣跚，也不會有所動搖。

第11則

在狂熱中練習

Einübung in die Ekstase

狂熱？這個詞好像比較適合色情電影和言情小說？在今天，誰會把自己的生活理解成一段狂熱的經歷？我們的文化並不推崇「陷入不能自己的處境」這種情況，雖然說，倘若毛毛蟲沒有「陷入不能自己」的狀態，根本無法成為蝴蝶。

在現在的社會，「狂熱」和「超脫」這兩個詞，似乎是某些特定少數人的專屬形容詞，通常是藝術界或宗教界的人，不然就是瘋子。

但其實所有人都可以說是「某些特定的少數人」，因為只要是人類，都有可能體驗狂熱的感覺，不過這可不是件理所當然的事，能夠感受到狂熱，是生物學上人類被賜予的禮物。我們可以消除外界和自己之間的分界，就像俗稱的「意識展延」那樣。人類能擁有願景，動物可沒辦法。

唯有對未來存有願景的人，才有可能想像「不可思議」的事；而只有想像得到不可思議的事的人，才有可能將其達成。願景是令人心生嚮往的未來圖像，不受眼前發生過的經驗所限。除了人類，沒有其他動物能想像未來，就連跟我們關係最親的猩猩也做不到。沒有猩猩會夢到與猩猩無關的事，但人類卻可以實現和自己毫不相干的事。人類不只研究了該如何飛上天際，還進入了繁星中的軌道，游走於海底最深處，就算是不宜居住的地方，也能想方設法生存。人類，使不可能成為可能。

既然人類擁有這種不可思議的生物天賦，也一定能隨時重新思考自己的人生與日常。

如果我們回頭看看古希臘人有目共睹的成就——古希臘文化是西方文化公認的搖籃——我們就會發現，理性不是一切。「古希臘人認為，藉由狂熱這個現象可以發現，靈魂……真正的性質只有在『脫離肉體』後才能彰顯。」英國哲學家羅素在他的名聞遐邇的巨著《西方哲學史》（*A History of Western Philosophy*）這麼分析：古希臘文明的偉大之處，在於結合了熱情和理性，「正是因為兩者相輔相成，才使得那時的世界產生風起雲湧的轉變，這兩者缺一不可。」在古希臘人的思想中，雖然也出現了伊比鳩魯學派所主張的節制理念，但實際上，在很多地方他們卻「毫無節制——在純粹的思想上、在詩歌創作上、在宗教上、甚至在犯罪上都是。」哲學活動與恣意狂歡的慶典相互激盪，正是古希臘文明成功的祕訣。而在酒神狄奧尼斯的慶典上，人們往往帶著面具，就是象徵性地在慶祝「我」的消融。

理性與熱情

不管是智性還是靈性，出發點都是狂熱，我們可以說，整個自然界就是一齣以狂熱與生命力為主題的戲劇，在春天尤其明顯。在各種意義上，春天都與繁殖生長脫不了關係。在生生不息的這個世界裡，人類所有創作、詩歌與深刻的行為都是由愛神所觸動，在快樂的感覺中創造、完成。

然而，要想邁向改變，就必須使用具備「熱情」和「理性」這兩個輪子的腳踏車，兩者缺一不可，只要其中一個輪胎漏氣，就只能原地打轉。

「陷入不能自己的處境」並不是數學計算的結果，而是心靈的功課，和我們自身的心態與想法息息相關。不顧一切地燃燒自己需要勇氣，因為我們必須放棄手中的控制權，全心全意、義無反顧地耕耘付出，這對很多人來說並不容易。

當然，只要掌握了箇中技巧，任何人都能輕易完成一首詩、一項企畫，一次性行為，但全心全意地投入其中，顯然完全是截然不同的另一回事。全心全意的忘我境界，絕不是出自嫻熟的技巧，而是來自義無反顧的奉獻付出。畢竟，在全神貫注時，根本沒心思看說明書或要什麼雕蟲小技。

事物總是一體兩面、鏡像雙生。「空虛是狂熱的先決條件。」羅馬尼亞激進的哲學家蕭沆（Emil Cioran）曾經這麼註記。我們得先清空自己，才能充實自己。倘若我們因為狂熱而心力交瘁，這時就需要放空與寧靜來修復自己。雖然和狂熱一樣，寧靜也不常出現在我們的日常生活中，但這可不代表享受寧靜是件壞事。

只要不要傷及家人與上司，不妨走入寧靜，比方說休假放鬆、潛居山中，或參加齋戒課程。走入寧靜能幫助我們更貼近自己，了解自己的感覺、需求、想望，進而燃起狂熱的小小火苗。然後，我們就能為自己許下真正的願望，毋須再猜想下一期的樂透號碼是幾號。

小結

- 人和動物不同之處在於，可以感受到狂熱，可以擁有願景。
- 狂熱是改變的鑰匙，而全心全意的奉獻需要勇氣。
- 想要重新學會狂熱，必須先「放空」自己，走入寧靜。

第12則

無法想像的未來

Die unvorstellbare Zukunft

你可以想像自己轉變後的樣子嗎？你能浸淫在可能性的海洋嗎？你會做夢、幻想、盡情地投入、獻身於不可思議的事嗎？

這些問題可不只是隨便問來聊表安慰。可惜我們所有人用來觀看願景的眼睛，都有一些毛病，必須做視力檢查和視力矯正練習，才能看得清遠方。一旦直視耀眼的未來，我們總是有點眼花撩亂，只好將目光轉移到腳邊的鵝卵石上，對著其實已經站在上面的地板說：我要到那裡去！

我們敢於想像的未來，離自己往往只有一步之遙，而且通常黯淡無光。我們都已經習慣當個不斷回頭看的悲觀主義者。

在那些徒勞無功的事情上，我們浪費了太多時間

在許多研討會、工作坊上，我總是邀請與會的人以圓桌會議、分組討論、或是其他創新的形式分享自己的想法，並在討論中任由想像力自由馳騁，為自己描繪一個美好的未來。

我們想過什麼樣的生活？我們期待什麼？經濟、政治、教育、家庭，以及其他對我們的生活至關重要的議題，該怎麼發展？我常邀請與會的大家蒐集想法，在分組討論裡和其他人分享。每個想法都該大方說出來、所有一切都是可能的。在這裡，人生就是一場願望的交響音樂會。

在這樣的場合中，我們總是能得到熱烈的迴響、豐富的討論，也搜集到各種不同的看法。但討論的結果卻往往平淡無奇。在討論的過程中雖然充滿活力，可是結果卻總是了無新意。這中間，到底發生了什麼事呢？

大家花了很多的時間討論、激發自己的創造力，也在白板上寫下自己避之唯恐不及的事。在報告時，白板上常會出現一長串對未來悲觀的預測，儘管沒人希望它成真，但它似乎卻還是會在不久的將來實現。經濟或許會大舉崩盤、資金雄厚的全球連鎖企業會接管整個世界、人權會式微、世界末日近在眼前、毀滅之箭已在弦上蓄勢待發，而我們卻不知道它會射向何處……等等等等。

我並沒有引導大家說出自己的煩惱，但人們滿腦子都是讓自己感到害怕的事物。對他們來說，世界末日的距離比天堂更近。前來參與工作坊的人們，就這樣浪費了大把時間，考慮根本不會發生的事情，而他們在日常生活中，往往也是如此。

如果有人對我們說：「隨意畫張圖吧！」我們會隨心所欲地創作。但如果他說：「來描繪一下你的未來吧！」想像力便會萎縮成一塊受潮的麵包。在誤認為無法避免的現實沙漠中，創造力的暴風雨因為乾燥而枯竭，最後消失無蹤。於是乎，我們就這樣搖身一變為「現實主義者」。

未來比我們的想像更具有原創性

我們寫書、拍電影、畫畫、發明……這些都是不可思議的創造，因為在從事這些事時，我們從不侷限自己。

藝術因此成為最後一塊能塑造未來的樂土，在藝術裡，沒有可行不可行的問題。也因此，烏托邦小說與電影，時常比政客提供的願景更切中現實的要害。因為只要一談到現實，很多人馬上就會開始劃地自限。然而，貌似不可能的事突然成真的例子，難道不是比比皆是嗎？不只是藝術，生命本身便贈予了我們許多奇蹟，未來總是比我們對它的想像更有原創性。

我還記得曾聽說過，在八〇年代的中期，美國知名智庫公司蘭德發表了一篇研究報告，當中匯聚了許多聰明的頭腦，像是諾貝爾獎得主、教授、科學家和各領域學者，要他們對當前的政局做出預測和評論。然而，在預測中只出現一些無關痛癢的小巧思，竟然完全沒有人預料到蘇聯將會解體，而柏林圍牆將會倒塌。顯然，沒有人認為慣常的「現實」有朝一日會被改變。但在不久之後，現實證明了它自己，比學者對未來的藍圖更有創造力——一九八九年的十一月九日，柏林圍牆倒塌，蘇聯也在兩年後的歲末解體。

身為專家，並不代表只能屈於已經發生的事實中，也不必然得讓看似行不通的事實，限制了自己的知識範圍。能夠分析現實，是一種很棒的能力，但倘若對未來毫無夢想，所謂的專家便會深陷乏味的理性分析中，最後成為一攤死水。

「做這個能賺錢嗎？」每每在我展開新生活時，父親總是會這麼問，「你知道，我是個現實主義者。」如果這個問題象徵的是人類現實主義的核心思想，那麼我們應該立刻成為烏托邦主義者。因為我們永遠無法確知自己正在做的事，能不能讓我們家財萬貫，我們只能知道，自己是否會因此過得更好。後面這個問題才值得花心思回答，因為金錢只是經濟的貨幣，而熱忱則是人生的貨幣。[5]

倘若我們想成為認識自己的專家——這也是改變藝術家必備的特質——或許我們應該一天思考一次那些平常不敢去思考的事。[6] 請敢於成為一位富有原創性的人吧，就像生命本來的面貌那樣！

倘若生命本身比我們以為的更富有原創性與創造力，那麼「現實主義」這個概念到底是什麼意思呢？答案是：如果我們深信昨天行得通的事，今天會照舊發生，我們就會稱自己為「現實主義者」。換言之，「現實主義」只是一種表達保守態度的委婉說法而已。

萬物的演化、進化、變化是如此顯而易見，如果不把它們包含在對現實的考量中，豈不是太不自然了。所謂的現實主義，隱含的正是完全不相信未來的認知。

每一天，都是改變自己的練習

「不可思議！」、「誰想得到呢？」、「我沒想到會發生這種事……」也許在你自己的人生裡，或是受到周遭發生的事所觸發，讓你曾有過類似這樣的念頭。

請花一點時間，回想一下在你的人生裡，曾發生哪些不可思議的事。那些事情的經過如何？是什麼時候發生的？又有多常發生呢？

在接下來的一段時間中，寫一本「不可思議」日記，記錄一下那些在日常生活中發生的、令你難以置信的事。

第13則

被高估的過去

Die überbewertete Vergangenheit

我們所知道的一切，都是過去發生過的事。因此，我們可以說是活在記憶中，然後在記憶之上建構未來。

這聽起來或許合情合理，但卻不太實際。因為我們不能改變過去，卻可以改變未來。可惜在規劃未來時，我們總是把過去看得太重，如此一來，過去就是在阻礙未來。

假設我寫下簡單的數列：1、2、3，然後請你告訴我下一個會是什麼，你大概會回答4。但我會笑著聳聳肩，寫下一個0。接著，為了讓你能更輕鬆地看出接下來的走向，我繼續將這個數列往下寫，但這一次依舊是：1、2、3，現在在你眼前的數列會變成：1、2、3、0、1、2、3。如果我再問一次，接下來會出現什麼數字，你大概會琢磨一下，但是因為覺得自己已經了解其中的邏輯，就認為3的後面會出現0。

然而，我會再次笑著聳聳肩，然後寫下數字1，也就是：1、2、3、0、1、2、3、1……然後再問一次，接下來會出現什麼數字呢。啊哈！原來是先從1數到3，然後第四個數字會從0開始輪。既然如此，下一個數字會是2。

可惜，這次我還是會聳聳肩，然後寫下下一個數字3，也就是：1、2、3、0、1、2、3、1、1、2、3、3……，現在你知道規則了，從1數到3之後的第四個數字一定會是奇數。這時你可能會停下來思考一下，但也有可能是質數呀，那接下來呢？

坦白說，接下來可以是任何數字。我也可以任意地突然寫下20022^2，然後繼續往下寫。如果我總是在數列的第一百個次序寫下20022^2，你就會知道：啊哈，每一百個次序就會出現一個20022^2，然後做出相應的預測。

你看過的數字序列越長，把握就越大，因為你擁有越多可以依據的數據來分析。如此一來，總有一天你的預測會是正確的，預測正確的機率也會越來越高。在你眼前有一連串看似合理的數據，以及正確的預測，於是，你會越來越篤定未來會發生什麼。隨著每一次預測正確，你的信心會越來越強，自覺已經掌握了其中的邏輯。

然而，其實你永遠不可能百分百確知，我下一個真正寫下的數字。從剛才的小遊戲可以看出，縱使你嘗試著解碼尚未發生的未來，這卻不可能成功，因為被我演示「未來」的已經說明，未來隨時會豬羊變色。當然，我並不是亂無章法地操弄剛剛的遊戲，數列的變化仍有跡可循，但你始終只能以回顧的方式得知，一直等到我在紙上寫下來後，其中的邏輯才能隨之成立，在這之前，完全不清不楚。

在某一個時刻你會了解到，一來，雖然你完全不知道接下來會發生什麼，但是二來，接下來發生的事，絕對合乎邏輯。若是能有這樣的體會，就能初步理解變化是什麼——儘管未來完全無法預期，卻仍然是符合邏輯的。

可能性的空間：未來

如果你目睹了一間非常有創新精神、敢於嘗試的企業大獲成功，你會認為具備創新的精神，顯然是通往成功的不二法門。但要是這間公司並不成功，甚至還轟轟烈烈地宣佈破產，你大概也會認為這天經地義，沒辦法，這間公司就是太特立獨行了，所以才會走向破產，太過創新本來就有風險。

同樣地，倘若你觀察的是作風保守的企業，你還是能為這間公司的成功或者失敗下合理的評註：這間公司做得很正確，因為它遵守了歷久不衰的準則；這間公司搞砸了，因為它並沒有與時俱進。兩種分析都合情合理，想必也都會有人拍手稱是。

身為評論過去的批評者，人們總是自有一套邏輯，能口若懸河地為自己的主張辯解。不過，再怎麼能言善道都是事後諸葛，因為所謂的分析批評，都只能在事後進行。對過去而言可能發生的事，如今變成了理所當然。

也因為如此，我們所知道的事，總是兼具可能性與合理性，因為歷史已經將過去發生過的事實擺在我們眼前，麻煩的是，我們卻永遠不可能知道，哪些具有可能性的事會發生。儘管手中確實握有一部分的規律性，但我們卻無法綜觀地洞悉已知的規則與規律會交織出什麼複雜的結果。人生總是比我們所以為的更有創造力，因為生命本來即是如此。

所以，倘若我們想多少保有點人生的潛力，在構思未來時，我們應該停止把過去看得太重。

逝者已矣，來者猶可追！未來充滿無可限量的可能性，但如果堅持只把過去當為衡量一切的基準，我們就會低估未來的可能性。

再也行不通的事，就放手吧

令人遺憾的是，要是做了糟糕的投資，我們對過去的執著甚至會與日俱增。

我之前在知名企業擔任溝通顧問時，就認知到這點。有時候，廣告或商業投資沒辦法符合原先的設想。像這種時候，請認分地將它埋進墳墓吧。我自己也有過不得不和錯誤的決定說再見的時候，但耐人尋味的現象是，在做出錯誤的決定時，我們通常會先堅持己見，「我們已經在這次的計畫上投注不少資金，現在停止不就前功盡棄了嗎！」人們會這麼說。

還記得有一次，我讀了一本相當厚重的書，書中的主題雖然很吸引我，但我發現它相當冗長，整整折磨了自己三百多頁。有位朋友問我，為什麼我不幹脆把書放下呢？「我都已經讀了這麼多頁了！」我氣呼呼地回應，然後就忍不住笑了出來，因為那一刻，我意識到自己犯了思考上的錯誤。即便已經讀了這麼多篇幅，也不代表我非得把這本書讀完不可。後來，我在最後一章之前便果斷放棄，大幅提昇了自己的生活品質。

我們往往沒完沒了地拖延難以忍受的事——從投資金融市場，到戀情和伴侶關係——卻只是因為不想承認，自己在這些事情上所花費的時間、精力、金錢、心血等等早已付諸流水。然而，我們越是執迷不悟，就越無法自拔，越陷越深。杜伯里（Rolf Dobelli）在他的暢銷書《思考的藝術》（*Die Kunst des klaren Denkens*）裡提到，越戰就是因為這個原因被延長：「為了這場戰事，我們已經犧牲許多官兵的性命；若就此停戰，將會是錯誤的決定。」杜伯里稱這種心態為「沉沒成本謬誤」，我們繼續投注金錢（或其他有價值的事物），因為我們辨別不出沉沒成本謬誤，還以為自己一定能贏回成本，就算我們冥冥之中其實有種會失去更多的預感。

我們最好不要對錯誤矢口否認，執迷不悟。改變藝術家知道，已經付出的投資對未來而言微不足道，放手能帶給我們更大的自由，藉此追尋美好的未來，因為：逝者已矣！

小結

- 我們都希望能擁有燦爛美好的未來，卻無法描繪它。
- 我們往往浪費太多時間在自己不想要的事物上。
- 未來總是比我們最狂野的願景更具有原創性。
- 我們太過依賴過去，甚至深信，未來會一如既往地發展。
- 越是依賴過去，過去的影響力就會越來越強。
- 切記：逝者已矣，來者猶可追。

第
14
則

展望：狂熱的表現

Vision – die Manifestation der Ekstase

你聽到那聲呼喊了嗎？從內心深處而來、呼喊著你的聲音？

這個聲音要你向前邁進，跟著它走。它會告訴你，你為什麼存在於這個世界上，又為什麼而活。雖然有些人在年紀很小的時候，就清楚聽過這聲「呼喊」，卻在過了很久之後才願意認真傾聽它。

能夠聽到這個聲音的人，知道該往哪個方向走，在他身上的每個細胞都會奮力聽從這個聲音的指示行事。這些人的人生會因而變得較為簡單，因為他人生道路的方向相當明確。雖然一定也會遇上困難和障礙，但卻明白自己的方向，人生也不再渾渾噩噩。

內在的聲音

不過，也有很多人並不認識這種「呼喊」，連一次也沒聽過，或者說，還沒有聽過。

但我深信，在這個世界上，每個人都能聽到這種聲音，生來就擁有屬於自己獨一無二的天賦，能夠藉此發光發熱。可惜我們卻總是扭怩不安，沒辦法珍視、欣賞自己的才能。也許我們都曾聽過自己內在的聲音，也曾有過熱血沸騰的感覺，但卻老是把這種感覺當做一種怪癖、認為它毫不重要、沒有意義，然後用道德的磐石加以壓制。

但我不會這麼做，至少，不會貿然這麼做。

耐人尋味的是，對我們來說輕鬆愉快的事，往往會被我們視為毫無意義。易如反掌的事容易被忽略，因為我們被灌輸的觀念是：吃得苦中苦，方為人上人。幾千年來的傳統基督教文化信仰——人生在世即為受苦受難的世界觀——始終緊緊束縛著我們。

十字架原本是一種刑具，時至今日，卻被奉為愛的象徵。炙熱燃燒的心淌著血，被荊棘的冠冕緊緊束縛。懺悔、罪責、罪咎……無一不束縛著我們，特別是滿滿的罪咎，更形塑了我們的思想。雖然中世紀的鐘聲早就離我們遠去，但這種思考方式卻已經在整個社會組織裡盤根錯節地生根。我們必須一代一代地，慢慢消除它、戒除它、轉化它。

這個世界上根本不存在什麼罪咎，也沒有什麼我們明明沒插手，卻生來就得為之羞愧的事。

請傾聽內心的呼喊吧。發自你內心的聲音一直都在，只要把心安靜下來，在耳邊嗡嗡作響的時候，一定可以感覺到縈繞在心中的聲音。

與此同時，你當然也可以把時間花在思索、發展自己的願景上。如果你此刻沒有聽到「呼喊」聲，也有可能是你早就對自己的願景一清二楚。願景，是你對自己未來人生所描繪的、最美好的景象，每個人都有像這樣對未來的夢想。總是會有某些畫面深深埋伏在我們的渴望中，一想到它，我們便不由得微笑。然而，願景也深受冷漠與輕蔑的態度所威脅，容易因此消失無蹤。

不過，只要能停止美化過去，不再把未來貶抑成會一再重複的歷史，那麼我們就有機會用另一種方式思考：懷抱熱忱的思考。熱血沸騰的狂熱感在改變之路上至關重要。

緊抓願景

那麼，現在就開始吧。

狂熱感可以提供我們新穎的點子以及各種不同的選擇。但重要的是，務必要讓沸騰不已的激動心情稍微冷卻下來，然後從中形成願景，接著，將還火燙燙的願景再度降溫，從中形成能被達成的目標。掌控火焰般的狂熱感，就好像要把會破壞所有電器的幾千伏特電壓，從高壓的狀態逐次遞減，直到我們終於可以把吹風機安全插入插座，輕鬆吹乾自己頭髮的程度一樣。

正如十萬伏特高電壓可以被應用在日常生活中的吹風機上一般，我們也能讓自己的願景不再是紙上空談，為此，只需要先蓋幾座變電所。

第一步，允許自己有做夢的空間，並認真嚴肅地對待自己的夢想。

第二步，勇敢出櫃，把心中的願景告訴自己的伴侶、摯友，以及身邊善良的人，從這些親切友善的聽眾身上取得一些安全感吧。

最後，請清楚表達自己的願景，換言之，讓願景逐漸成形。

最好能具體描繪你的願景，把各種可能的細節、相關的內容寫下，或畫在紙上。在這個過程中，請依循自己熱血的心，不要考慮太多「可能性」的問題。用冷靜的頭腦建立願景，只會讓它變得既小家子氣又「現實」，而用熱切的心來建立願景，願景才會宏大且——真實。

願景被表達、進而成形的過程是不可或缺的。我們想望的事物必須被呈現，如此一來，才能被自己銘記在心。如果不這麼做的話，夢想便會流於一場白日夢，然後隨風消散。最後，在我們某一天赫然想起時，成為心中沉痛的缺憾。

每一天，都是改變自己的練習

現在就試試看吧！寫下你的夢想與願景。請描繪出你對未來最美好的景象，不用客氣！重要的是，務必認真對待這張「願景之紙」。

幫這張紙裱個漂亮的框，掛在家裡的牆壁上，最好是掛在客廳裡。

接下來，好好享受、欣賞自己的願景吧！

第15則

暫停的時刻

Ein Moment des Innehaltens

暫停，在興奮中休息片刻，也屬於通往改變之路的一部分。

我們需要一段適當的時間，讓願景在自己的身上發酵，內化到自己身上。在現況與願景所提供的目標之間，存在著一股會影響我們行動的張力。緊繃的狀態不可能永遠持續，張力必須被解消。正如美國管理大師彼得・聖吉（Peter Senge）所言，每個願景都會製造出產生推力的「創造力差距」。現況與目標之間的差距是「創造性的」，因為我們會費盡心力，結合創意，努力在現況與目標之間建造一座橋樑。人生追求的一直是輕鬆的狀態，因此，我們會奮力往願景前進，直到大功告成，緊繃的感覺消失。[7]

下一步，請把願景切割成許多目標。就算飢腸轆轆，也不可能一口氣吃下一整頭牛。願景是高掛天空熠熠發光的星星，目標則是下一個十字路口旁的路燈。路燈不像星星遙不可及，我們可以評估出離它還有多遠。往願景前進就像爬山攻頂，必須在這段路程上規劃紮營的地方。把第一個紮營地設為目標，努力朝它前進，是非常合理且明智的作法。而真正的目標理所當然就是深深吸引著我們的山峰。

即便你的願景是成為舞台上耀眼的流行歌手，也絕不荒謬可笑。這個世界上有這麼多在舞台上表演的流行歌手，所以，為什麼你不行呢？你可以先以學習一種樂器、唱卡拉ＯＫ、或是在自己家的客廳為朋友開個小型演唱會，作為自己的第一步目標。現在，就開始調整樂器的音準吧。

不妨想想馬丁・路德・金恩博士那著名演講，他不斷重申的可不是「我有一個目標」，而是「我有一個夢」。

當然，目標很重要，但讓人心生嚮往的永遠不是目標，而是夢想。

小結

- 傾聽生命的呼喊，從你內心深處所發出的聲音會告訴你，你在這個世界上的使命是什麼。
- 你一定也有夢想、對未來的願景和展望。請給它們一個機會，將它們具體地寫在紙上，好好描繪出它們的樣子吧。
- 尊重自己所寫下、描繪出的願景：比方說將它裱框，掛在客廳的牆壁上。
- 把願景拆解成許多部分。我們畢竟不是綠巨人浩克，所以沒辦法輕鬆一跳就越過這個世界，但我們可以一步一步地前行，不要猶豫，現在就出發吧。

第16則

日常生活的沼澤

Der Sumpf des Alltags

現在，還有什麼會阻止你穿越改變之門呢？改變之門是敞開的，你也做出了選擇。沒錯，你會邁步穿越它。你清楚知道自己身在何方，又想往何處走。一切看起來輕而易舉。

好吧，那麼，現在就踏出第一步吧。

在那之前，先把要穿的衣服準備好。窗戶關好了嗎，有人幫忙照顧家裡的毛小孩嗎，衣服上釦子都縫好了嗎？等等，為了安全起見，再上網搜尋一下，連不怎麼有趣的網頁，也點開檢查一下好了。喔，還要打給奶奶！咦，時間已經這麼晚了？好吧，那只好明天再開始了，好，明天一定會開始的。

歡迎來到日常生活的沼澤，這是想要改變自己的人最懼怕的東西。成千上萬的美好計畫與願景，都能在這裡找到自己的墳墓，生活樂趣與創作能力被掩埋在泥沼中，為了紀念它們，人們應該建立一個里爾克所描述的「無生命之物儲存倉」：

我常想：一定有個滿是珍寶的屋子

那裡靜置著許多生命
如鎧甲，或暖轎，或未曾使用過的搖籃，
⋯⋯
當我在黃昏時分不斷往前走
離開令我身心俱疲的，我的花園，
我知道：所有的道路都將通往
那無生命之物的儲存倉
大地蕭瑟，那裡亦是草木不生
且猶如監獄般，四處高牆聳立
在層層環繞的圍牆中沒有任何一扇窗
⋯⋯
而柵欄正是出自人類之手

沒錯，柵欄正是由人類一手創造的，我們甚至能合理懷疑，活活埋葬自己炙熱的心的共犯，就是自己。為什麼我們好不容易熱血沸騰起來，一腔熱血卻往往在日常生活的沼澤消失殆盡？

激動會促成熱忱。炙熱難耐的心會直接衝向目標，然而，直達滿心企盼的目標的捷徑，往往被證實是死路一條。

那些願意改變自己的人，常在踏下第一步時，腳踝就突然陷入泥濘的濕土中，踏下第二步時，連膝蓋都深陷其中，最後甚至連屁股都動彈不得。這就是日常生活沼澤的危險陷阱。

紀律

在改變自己的路上會遇到的第一頭猛獸，就是紀律。

從本書的前一章，你應該已經了解，我和自律之間的關係有些曖昧不明。我不太相信，總是限制自己、循規蹈矩，能促成什麼多劇烈的轉變。

短程看來，遵守紀律的確是偉大的美德。不論在身體上或精神上，紀律總能迫使我們有自覺地努力奮鬥。然而，我們不可能永遠都在懸樑刺股，發憤圖強。在短期內，紀律的效果確實顯著，但隨著時間越來越長，紀律能發揮的效力也會逐漸消退。由於改變自己的歷程很長，紀律只能幫助我們完成階段性的任務，沒辦法陪我們走到最後。

「自律就像握緊拳頭。」靈性智慧大師奧修就這麼說過。但握緊拳頭可以持續多久呢？三小時？三天？三週？你可以試一次看看，你最長可以握拳多久。相信我，不論是肌肉緊繃還是緊張，我們都不可能堅持太久的，更不用說能撐完改變自己的歷程。或許阿諾史瓦辛格除外，但包括我自己，所有我陪伴過的、度過改變歷程的人都沒有辦法。

對抗自己的戰鬥

一旦作為首要措施的紀律逐漸失去效用，我們會把自己逼得更緊、要求自己更努力往期盼的目標前進。於是，一場與自己的抗戰就此展開，但對抗自己，就宛如唐吉訶德衝向風車一般，絕對會讓我們心力交瘁。

如果我們期待別人不要無端引戰攻擊自己，那麼，我們又為什麼要莫名其妙地和自己交戰呢？我們所做的一切，無非不是為了能擁有美好的生活，何必引發對抗自己的戰爭？

而且，我們還很愛用「耍廢」這個詞，老是酸自己、看不起自己，彷彿自己身上住著一隻懶蟲，為了讓牠浪子回頭、有番作為，只能對牠拳打腳踢一樣。我們到底想要怎麼評價自己呢？其實，越是粗鄙、殘忍地羞辱自己，失敗的可能性就越大。

根據戒酒互助會頒佈的「十二項守則方案」，酗酒者必須學會停止和酒精成癮對抗，換言之，停止對抗自己，全盤接納自己受酒精擺佈的事實。唯有全心全意地、坦蕩蕩接受事實，改變才有可能發生，正如戒酒互助會的創始人比爾．威爾森（Bill Wilson）所強調的那樣。

大方承認「我對自己的問題無能為力，只有比我自己強大的力量，才能幫助我恢復健康。」才有助於認清自己的處境。[8] 英國人類學家暨控制論學者貝特森

（Gregory Bateson）更精闢地指出，「失敗的經驗就是改變的第一步。」

一旦我們執意對抗自己，就是在把自己和自己身上的問題切割開來，這麼做，不過是把心力耗費在原地踏步上。切記，對抗自己對抗，永遠沒辦法讓自己改變。請停止羞辱自己，別再和自己抗爭了。

熟悉的環境

日常生活的沼澤裡，四處埋伏著所有我們習以為常的事！習慣、熟悉的環境、常走的路線都潛藏其中。

改變自己是一場革命，會讓周遭的環境——家人、朋友、同事——感覺受到威脅。不論是什麼體制，都會傾向自我保護，而所有不尋常的個人舉動皆會刺激體制。

以成癮者為例，所有成癮者都該馬上離開置身其中的體系。在以酒搏感情的環境裡，想要暫時（甚至永遠）遠離啤酒、紅酒或烈酒幾乎是不可能的。在觥籌交錯，互相稱讚酒量、吹噓自己喝了多少杯的宴席上，如果其中一個客人突然標新立異，表明自己滴酒不沾，其他人可能會惱羞成怒。倘若這位背叛者始終堅持滴酒不沾，他可能還得付出從此雞犬不寧、甚至被威脅恐嚇的代價。

這樣的衝突比比皆是，例如決定成為素食者的人、不想遵從儀容規範的人、在團體中一意孤行卻大有斬獲的人，這些人一定都遭遇過類似的衝突。異類不可能獲得掌聲與鼓勵。在我們的社會中，家族觀念始終屹立不搖，改變就宛如變節一般。太多的變動極有可能危害原本穩固的家族型態，因而改變總是遭到阻止和壓制。

「整個家族意識可比擬為整桶螃蟹：只要有一隻螃蟹嘗試爬到桶子邊緣，逃出桶外，其他螃蟹就會把膽敢逃走的那隻拉下來。」諾斯魯普（Christiane Northrup）醫師曾在她的作品《女性的身體，女性的智慧》（*Women's Bodies, Women's Widsom*）這麼寫道。家族觀念重視的是集體利益，總是全力阻擋不合群的個人利益。

尼采也曾指出，所有社會上的道德都是在「教導人如何憎恨自由，並以狹隘的視野限制個人需求」，除此之外，「窄化觀點與視野，也就是某種意義上的愚蠢」甚至成為長大成人的必要條件，然後，「所有將個人地位凌駕於群體之上的事，以及會讓其他人害怕的事，都被稱之為惡。」

當一個社群提到「愛」的時候，意思指的往往是「忠誠」。也因此，個人的改變常常被汙名化為悖德或非比尋常，甚至被激烈地抑止。體系的力量相當強大。保羅．瓦茲拉威克（Paul Watzlawick）和他的帕羅奧圖研究小組長年進行的研究告訴我們，在某些思覺失調症患者的病情稍有起色後，其他病患的家庭成員是如何想盡辦法，讓那位病情好轉的患者回到原本惡劣的狀態。

所有人都期盼的健康，竟然在下意識中引發了被威脅的感覺。顯然，在這種情況下，不僅個人需要治療，而是整個家庭都需要治療。

指責

當有人歸咎於自己的時候，想改變自己的人便會認知到，在改變之路上經常橫立名為責備的路障。罪責是一項沉重的負擔，但只要踏上改變之路，很有可能就必須背負罪責。

究竟是得對什麼事背負罪責呢？對任何他人認為我們該負起責任的事。人生無常，人的一生中的確會發生許多令人開心或難受的事，諸如奶奶得了糖尿病、兒子在學校的爛成績、壞掉的洗碗機——所有發生在平常生活中的各種事件，之所以會發生，其實只是因為它們就是會發生，所以一般人習慣將其掛上「命中註定」這個標籤。

然而，倘若有人在我們的社會中特立獨行，大家便會輕易認為，此人的所作所為和發生在他身上的事之間，一定有因果關連。這種聯想簡直隨處可見：「你這麼做，也難怪奶奶會得到糖尿病啊。」、「我們的兒子成績這麼差，一定是因為他爸媽沒教好」，就連洗碗機忽然罷工也是事出有因。

這告訴我們什麼呢？這些話合不合理根本沒人在乎，重點是它所產生的效果，尤其是，一旦被指責的當事人被當面砲轟，還對此深信不疑時，這些話就成功完成自己中傷別人的任務了。

我有一個朋友，由於他對自己的家族提出應該徹底改變的建議，因此陷入了家族風暴，指責聲浪排山倒海而來，他曾幽默地評論道，「如果我必須為我爸的心絞痛負責，那就代表我能掌控他的健康。若是如此，一旦他康復，他不就得好好謝謝我了。」但面臨指責時，不是每個人都能幽默以待。

把兩個毫不相干的事件關連起來的原因，大多是為了責備他人與尋求解脫。即便是成年人，也時常無法對自己的行為負責，因此，他們常透過指責別人來尋求解脫。倘若遇上嚴重的事件，例如危及健康的重病，比起將發病的原因含糊地歸咎於命運或是生活環境，有個簡單明瞭的病因可以開罵，至少能讓人感到有些欣慰。

我們無法改變自己的行為

因此，日常生活的沼澤絕非能滋長改變幼苗的沃土，此外，要扼殺改變的幼苗，甚至不需要來自外界的道德阻力或現實脅迫。毋須外界影響，在日復一日的尋常生活中，再雄心壯志的人也可能目睹自己的夢想逐漸褪色，迷失在自我懷疑與恐懼的濃霧之中。

我們就像剛才提過的螃蟹，不過，我們既是膽敢逃走的那一隻，同時也是想把同伴扯回來的那一隻。我們在日常生活的沼澤載浮載沉了那麼久，身上早已留下了烙印。

諾斯魯普醫師講述過一個實驗：有一些幼貓被飼育在籠子和某些特定的空間裡，但在飼育環境中，牠們視線所及之處，所有立體的東西都被移除。當小貓長成成貓被釋放時，牠們會衝撞立體的東西，因為牠們其實根本看不見它。

我們人類也會因為教養，而出現類似的毛病，「在童年時期受虐的女性……比一般人有更高的機率，在成年後仍然飽受不合理的對待，甚至再度受虐。因為她們已經習慣這種被對待的方式，不太懂得怎麼辨別出友善的人與環境。」諾斯魯普醫師指出。

大量重複的日常刺激，會令我們的中樞神經系統一而再、再而三地選擇曾經出現過的想法，重複執行習於操作的行為模式。或許我們必須接受，在踏上通往光明未來的道路之前，我們的行動總是被某種無形的力量驅使，而我們也無力改變自己的行為。

在我的一生中，曾數度為一些企業提供建議、從旁提供協助，也每每有這樣的體會：雖然承認改變勢在必行，許多企業卻在緊要關頭功虧一簣。他們先是雄心勃勃地大刀闊斧，取得了鼓舞人心的成功，但接著卻陷入困境，然後，重新振作的氣勢會再次熊熊升起，但最後——大家都筋疲力竭，一切故態復萌，回到原點。最終，幾份所費不貲的提案，都被收進了檔案櫃裡。

問題一旦被診斷出來時，人們會從解決問題的層次採取行動，擬定行動方針，倘若有什麼舉動不符合擬定的方針，就必須加以糾正，這看起來很合理。

銷售數據很淒慘，我們必須做些改變。因此，我們正在進行銷售培訓；客服方面還有待改進，所以我們正在進行溝通訓練；營業額得增加，所以我們正在做宣傳廣告！培訓、銷售訓練與激勵士氣的演講、宣傳廣告這些東西其實根本是在白費工夫。因為對於整個企業來說，它們所能達到的效果，就只是讓員工們都擁有不錯的新年新希望而已。這就像做造型一樣沒有什麼長遠的效果，只是場錯誤的投資。

當然，銷售數據糟糕或客服方式有待改進，一定不是無緣無故發生，其中的原因通常也不是當事人能力很差。人們並不需要被訓練或激勵。嚴格來說，根本不用對當事人做什麼事，只需要把整個層次往上提昇即可。就像戒酒互助會所說的那樣，提供一個「更強大的力量」。

這「更高層次的力量」可能會讓人難以理解，半信半疑。雇用更有能力的員工，難道不是高階主管的責任嗎？如果所有員工都很差勁，那這種集體能力低落從何而來？是有什麼祕密機制，讓大家都這麼「無能」嗎？這彷彿能力挽狂瀾的「更高層次的力量」，究竟又在哪裡？

在我的一堂課上，一位來自大型科技公司的經理告訴我，他如何一度成功讓所有管理階層，都願意進行重大變革。那時，公司所有員工都團結一致，為公司盡心盡力，管理者也確信，明文規定的決策對所有同仁都有約束力。新的決策在歡呼聲中被明文寫下——同時也被否決。最後，幾乎沒有一件決定好的事，被共同決策者執行。所有人都相當訝異，大受打擊，就連原本不贊成改變的人也頗為沮喪。

顯然，某種無形的力量起了作用。我和這位經理在討論中一起尋找這「更高層次的力量」究竟在哪，幸好很快就找到了它。這位經理告訴我，在管理階層中其實有條流傳已久的潛規則，根據這條潛規則，管理階層可以對許多事「睜一隻眼、閉一隻眼」。

這條潛規則雖然沒有被明文寫下，卻賦予管理階層很高的自主權，允許他們能在必要時破壞規定，可謂影響力極為強大。不過，這條潛規則之所以威力這麼強，正是因為它沒有被清楚寫下，而是潛移默化地影響了整間公司。

我們因此發現，在這間公司的中層決策階級間，流傳了一種自主自決的文化，換言之，這些中階主管擁有相當彈性的自主權，而在這個案子的情況下，卻造成了適得其反的後果。這種沒說出口的潛規則文化，比起共同討論出的決策更有影響力。中層的決策階級其實在不知不覺間，傾注全力捍衛自己能一直破壞規定的權限。比起正式的決策，這對他們來說更加重要。

在公司運作上行得通的，也適用於個人。在日常生活中，我們也經常想要改變自己的行為。明天我就會有所轉變！明天起我就會戒菸；現在開始，我會健康飲食，早餐只吃水果。然而，失敗卻一再發生。我們根本無法改變自己的行為。

在我們個人的改變歷程中，必須捫心自問，有沒有可能不要停留在行為的層面上，而是提高幾個層次去尋找問題的解方。一如既往，這無疑是領導階層的責任。所以，我們內在的宗教領袖，也就是掌管信念的人要為此負責。

就行動的層次來改變自己，只是在自欺欺人而已。我們隨時都能下定決心改變自己。對，我們會有所不同的！但其實我們根本沒變，只是假裝一下罷了。

我們就像演員一般，最終必須離開舞台，回歸真實的自我。在帷幕降下之後，我們又再度成為原本的自己，但一切其實沒有絲毫改變。我們只是鞭策了一下自己，或許有模有樣地扮演了一個角色。但一齣戲不能超過四小時，確實有其道理，畢竟一個人無法太長時間鑽進一個陌生的、不屬於自己的角色。

扮演詹姆士龐德的演員丹尼爾克雷格曾經說過，在他扮演龐德時，一起床龐德就上身了，而龐德不僅是控制狂、還是冷酷、尖銳，不達目的勢不罷休的人。幸好槍戰終究只是電影，不會持續太久。

改變藝術家從不會說出「明天我就會有所改變」這種話，因為他知道，後天一切都會回到原本的樣子。嘗試在行為層次做些轉換，只能發揮很短的效力，雖然的確會產生點效果，卻不是真正的改變。

價值體系才是關鍵

我們的行為其實是一連串內部事件與行為模式下，可以被看見的最終產物。在我們行動之前，在意識中的內部生產線上發生的事情可多了。

我們總是按照自己的內部迴路與程式來待人接物。所有的行為舉止，皆源自於我們自認為有意義的事，以及我們秉持的信仰。換言之，我們的行為完全取決於自己的價值觀。唯有自認為往目標前進富有意義時，我們才會邁開步伐。倘若我們突然迷失，不知道自己為什麼前進，又該前往何方，我們的腳步便會戛然而止。

只有當我們了解，人類的所作所為與自己的信仰體系密不可分時，才能從價值觀著手，徹底改變自己，因為真正的改變涉及的是自己根本的價值觀。特別崇尚科技的人，大概更能隨著日新月異的科技，更新自己的內在程式。但無論如何，若想改變自己，需要被糾正的絕不是我們產出的行為，而是引發行動的內在程式。

找出自己行為的根源吧！找出自己想要改變的、實際上操控自己行為的「更高層次的力量」，到了下一章，我會介紹這該怎麼做。

小結

- 願景總是美好的……但日常生活的沼澤會吞噬它。紀律、對抗自己的戰爭、熟悉的環境，這些地方潛伏著會侵蝕願景的危險。
- 我們根本無法改變自己的行為，只能用另一種方式改變自己。
- 找到自己行為的根源吧！你必須找到掌控自己行為的程式——自己的價值觀。

第17則

生命即信念

Leben heißt glauben

「行為勝過千言萬語！」亞里斯多德說，他認為，語言不能代表什麼，藉由行為才能辨識出一個人的品德。換言之，唯有透過一個人的所作所為，才能確實知道，他重視的是什麼。

秩序和方向是人類的基本需求。越是在模糊不清的地帶，人類越想追根究柢問清楚，對意義的提問便是如此。動物就沒有這樣的需求。動物自己的本能與欲求就足夠滿足牠們。對動物來說，形上學的大哉問沒什麼意義，大自然的存在也不需要原因與目的。

但人類不僅僅是自然的一部分，追根究柢，人類更需要「文化」。

價值定義了我們

人類從出生以來，就沐浴在價值觀的營養液中。我們宛如魚一般，出生在道德、禮俗和規矩的海洋中。

上一代的信條會不斷影響、形塑下一代年輕的心智，因此，我們的行為總是比個人生命更宏大的觀點左右。我們得努力促進社會的福祉，對家族或家庭忠誠，支持倫理與尊嚴，依據人性行動……對這個世界的認知與期盼，決定了我們的行為。

「宗教……提醒我們，我們不單是為了自己而活，身上還背負著許多生命。」德國哲學家斯洛特戴克（Peter Sloterdijk）說。要是缺乏信念，就沒有人類生活，因為正如德國心理學家謝爾姆（Peter Schellenbaum）所指出的，「世界觀就是我們形塑世界的模樣。」

這些信念體系（價值觀）提供我們方向感，讓我們感覺生命並非毫無意義，也幫助我們在群體中有種歸屬感。許多信條更協助我們形塑自己，告訴我們，自己究竟是誰，該成為什麼模樣，什麼該做什麼不該做，什麼能做，或者什麼不能做。

我們身上的基本程式，老早就由家長植入到我們的操作系統裡了。這並不是一件壞事，因為「信念與思考的遊戲不可能無中生有」，正如美國哲學家阿皮亞（Kwame Anthony Appiah）所言，「我們都自然而然地生長在一個家庭或社會之中，家庭與社會賦予了我們許多信念與思考方式，這是我們的起點，因為單靠自己，根本不可能獨立發展出這些東西來。」

信念是透過世代與世代的傳承發展而來的，而我們就像是用大隊接力的方式，接手了從歷史傳承而來的價值觀。身為創造文化的人類，理所當然會透過教育「繼承」過去的價值體系。

可惜我們的家長總是在交付接力棒時，將關鍵的細節拋諸腦後，忘記告訴我們，信念和思考方式是一份禮物，而我們有權檢查裡面有什麼東西，甚至，在必要時也可以捨棄它們——我們不需要收藏別人用不到的二手物品。

我們就像市面上常見的、內建好固定旋律與節奏的電子琴，因為有了內建好的程式，電子琴便能譜出各種可能的樂曲。然而，如果我們終其一生都只用內建的節拍與旋律來演奏，我們便永遠無法理解音樂家在幹嘛。如此一來，在人生的交響音樂會上，我們會窮極無聊，甚至可能搞砸人生的旋律。

對我們來說，關鍵並不在於電子琴的開關鍵，而是琴上的黑白鍵。或許只能靠自己，來學習怎麼用黑白鍵譜出旋律，但無論如何：我們應該好好使用生命中各種變化多端的和弦。

最基本的事，必須由我們自己解決

大概每個人都有過和奧地利物理學家，同時也是建構主義的提倡者馮佛斯特（Heinz von Foester）類似的經歷：「我還小的時候，我們家常在奧地利的鹽湖區度過夏天。有一天下午，在暴風雨降臨的前夕，燕子飛得很低，然後我的父母就對我說：『你看，只要是壞天氣，燕子都會低飛。』我又問：『對耶，但為什麼只要是壞天氣，燕子都飛得很低呢？』我父母回答：『因為蚊子、蒼蠅、各種昆蟲在天氣不好的時候都會飛得很低。』因為覺得有趣，我便繼續問道：『那為什麼蚊蠅在壞天氣的時候會飛得很低呢？』接著我被賞了一巴掌。當時我意會到，好吧，這大概是個超基礎的問題。後來我得出一個結論：想知道最簡單基本的問題的答案，必須自己親自尋找。」[9]

這就是青春期的任務——尋找基本問題的答案。

父母以他們所能提供的最佳方式，把我們帶到這個世界上，但現在我們必須靠自己尋找自己的答案。我們只需明白，靠自己尋找答案絕不是個禁忌，甚至應該說：我們非這麼做不可！

正因為我們的信念體系與自己的所作所為、幸福如此息息相關，就絕對不能對別人丟給我們的信念來者不拒。

為何生，為何死？

我們必須為自己找出，自己重視的事、推崇的價值與信念為何，甚至捫心自問，在必要時，自己願意為了什麼而死，這是檢驗自身價值觀的絕佳試金石。

「對一個人來說，值得讓他活下去的理由，也會是能讓他赴死的絕佳理由」，卡繆在《薛西弗斯的神話》（*Le mythe de sisyphe*）中這麼寫道。由此便可看出，對我們來說真正重要的事，會讓我們願意為它而生，為它而死，畢竟沒有人會為了毫無價值的事隨便送死。不過，因為心軟所以無私奉獻的例子也不在少數。

因此，無論如何，我們應該要用心找出自己願意為了什麼而死，也就是找出自己努力生活的理由究竟是什麼。

人生劇場中的價值碰撞

德國哲學家黑格爾在思考悲劇時，曾寫下：悲劇中的主軸往往不是善惡之間的衝突，而是兩種不同價值互相拉扯。如果互相矛盾的兩種價值都至關重要，且魚與熊掌不可兼得，必然得失去其中一個價值時，這種情況便宛如無法迴避的地獄。

刑法之所以存在，是因為集體的社會生活需要秩序和安全。安全是一種價值。但我們也知道，總是有許多無辜的人無端背上罪責。公平正義顯然具有比安全更高的價值，那麼，我們是否應該在某些不公不義的情況下，摒棄刑法呢？作為社會的一分子，我們該怎麼做？

茱麗葉要求羅密歐：「不要承認你的父親，你的名字！……我也願意為了你，不再承認自己是凱普萊特家族的一分子！」而為了與茱麗葉相愛，羅密歐同樣不應該繼續留在自己原本的家族裡。愛情與家族關係的價值彼此互相衝擊，最後小倆口選擇了愛情，放棄了家庭。在莎士比亞的悲劇裡，這場衝突的結局是死亡。

在莎士比亞的時代，這樣的劇碼在現實人生裡屢見不鮮。當大地主的兒子愛上不該愛的女孩，還使她懷上身孕，這對戀人便就會面臨和羅密歐與茱麗葉相同的問題：該選擇愛情、還是傳統呢？

在我們的文化裡，結合與分離也引發不同於古代的價值衝突。離婚，特別是如果膝下有子女時，往往會造成令人痛徹心扉的價值衝突。相實現自由、證明自己的心願會與經營家庭的價值互相拉扯。

若是最後走向離婚，就意味這兩種價值無法兼得。選擇哪個會比較幸福呢？我們是否能勇於抉擇？又能不能為自己挺身而出？

當耶和華見證人身患重病，必須接受輸血時，在這生死關頭，他們卻會堅持拒絕接受輸血，因為在《利未記》中有一段經文：「血代表血肉之軀的生命……你們之中的任何一個人都不得飲血，在你們之中的外人亦不得飲血。」從這段經文中其實很難讀出，為什麼在重病時，仍然必須拒絕能救命的輸血（飲血顯然是另外一回事）。

然而，怎麼解讀這段經文，其實根本不重要，因為重點不在理解，而在信仰。耶和華見證人早已準備好為聖經裡的這段話而死，上帝話語所代表的價值和生命的價值彼此衝突，但上帝的話語更為重要。

不過我認為，只要不傷害他人，所有人都有權為自己的信仰犧牲奉獻。

從兩種選擇之間，找到第三種選擇

如果想要了解自己人生中高潮起伏的肥皂劇，然後成為改變藝術家的話，我們就必須學會怎麼面對這種價值衝突。我們需要一盞明亮的燈來照亮、檢驗、測量自身的價值觀與信條。

生命中的價值衝突終究無法迴避，種種不同的世界觀會一次又一次互相衝撞，而我們必須做出抉擇。

特洛伊戰爭的導火線，是不和女神厄里斯把蘋果交到帕里斯的手中，請他送給三位女神中最美麗的一位。而我們每個人手中都有這顆蘋果，也都面臨著帕里斯的處境，必須做出取捨，並為自己的選擇負責。選擇是一種主動的過程，因為我有意識地把蘋果給了其中一位女神，而不是給其他兩位。

如果這進退維谷的局面不是出自厄里斯之手，而是由佛教禪師所設計的話，我們大可自己一口吃掉蘋果。自己吃掉蘋果可謂絕妙的解決方案，也就是兩個選項外的第三種選擇。

有時候，這樣的解決方案是存在的，而且值得一試，那就是決定「我不選了！我拒絕做出選擇！」有些傳說就講述了這樣的故事。在中世紀英格蘭詩人喬叟的《巴斯婦人》（*The Wife of Bath's Tale*）中，主角老是面臨兩難，雖然當下他決定這麼做，但他其實也可以那麼做，而他始終不知道，另一個選擇是不是更好。

後來，出現了一位不是很漂亮的女子，她答應主角會解開他一直以來的困惑，但他必須娶她為妻（又是一個被迫得在兩者間做出選擇的局面）。主角雖然勉強同意，卻又面臨了另一個兩難：女子要他選擇，要嘛她很醜、但是對丈夫死心塌地，否則便是會背叛丈夫的美麗公主。此時，主角語出驚人地回答：「我兩個都不選！」這句話打破了絕望的魔咒，這位女子搖身一變成美麗的公主，還對丈夫至死不渝。

這個寓言和禪宗思想告訴我們，有時候我們可以藉由一些巧妙的方法，進入另一個層次，絕處逢生。在兩種同樣艱困或同樣誘人的選擇之間，或許還有其他選擇，但唯有摒棄習以為常的觀點，「第三種選擇」才能浮現。

我認識一對伴侶，他們在偷情和分手之間尋求第三條路，也就是擁有一段公開的三角關係，在這段關係中的女性，除了有一位「正宮」，還另外有個情人。儘管這段關係並不穩固，但如同這對伴侶所述，三人都願意接受這種解決方案。無論如何：他們三人都嘗試過著「三分之一的伴侶生活」。在價值衝突中，「我兩者都不選」是一種強而有力的聲明，找尋第三條路的方法值得我們一試。

只是，有時候確實沒有第三種選擇。畢竟你的另一半和老闆可不像兼具智慧與幽默的佛陀。在選擇今年夏天的度假地點時，肯定只能在兩個景點中擇一，畢竟我們總不可能同時去夏威夷和冰島，當然也不可能同時接受兩份看起來很不賴的全職工作，更沒辦法一口氣吃完兩份餐廳的美食全餐。

因此，在人生中總是有一些情況，巧妙的第三種選擇不會跳出來，那我們便只有兩種選擇和一種可能的結果：做出選擇，堅持到底！

我們真正堅信的事，一點也不好笑

因此，且讓我們用放大鏡仔細檢視一下自己的價值體系，因為它對我們在人生中的每一個選擇都至關重要。我們常常沒有意識到這種情形：個人的價值體系或信念結構，實際上決定了我們的所作所為。

在信念之中最小的單位是一個句子，也就是像「上帝希望我們救濟窮人」、「生活是困苦且不公的」、或是「財富象徵的是上帝的愛」這些語句「分子」。這些分子般的磚石累積起來，就可以產生出堅固的分子連結，以及更高階的價值結構，最後形成完整的信念DNA序列。如此，每個人都能親手塑造自己的人生教派。舉例來說，只要結合剛剛所提到的三個句子，再加以延伸一番，便能形塑出基督教的信仰。

如果想更了解自己，我們就應該開始把自己雄偉的信念高樓敲開，採集、端詳其中的磚石，也就是在自己心中簡短的信條。該怎麼做呢？訣竅是：最好是從我們心中最嚴肅的那塊開始。

頗耐人尋味的是，我們內心最堅信的事，往往很嚴肅，和滑稽扯不上邊，也絲毫不容他人嘲弄。畢竟，真誠的信念可不是什麼笑話，若是能開懷大笑，就代表還有商量妥協的空間。

所以，現在請停止嘻笑，我們要進入信條的領域了。

舉例來說，先知穆罕默德對穆斯林來說，就絕對不是茶餘飯後的笑話；而美國軍方的《星條旗報》（*Stars and Stripes*）對美國人而言，也一定是嚴肅的話題。「人生艱難，且不公平」這句話並不能讓大多數人發笑。座右銘可不是請客吃飯，那麼，親愛的讀者，對你來說，有沒有什麼東西，是絕對不能拿來搞笑的呢？

也許是「人生苦短」或「人生苦短，無法重來」，又或者是「人生苦短，但我會轉世重生」。在這些金句之中，你覺得哪些特別滑稽，又有哪些令你正襟危坐呢？

在我的課堂上，我喜歡在學生面前寫下很多金句，然後問他們，覺得哪些說得很好，對他們的人生格外有影響力。

你不妨也可以試試，下面是我節錄的一些金句，它們影響了許多人的生命：

人生不如意事，十之八九。

人性本惡。

努力為成功之母。

以和為貴。

擁有家庭，人生才完整。

人要能承認自己的弱點。

我很有創造力，能建構自己的世界。
人生中的絕大部分，都是命中註定的。
不該拒絕身邊的人的請求。
別稱讚自己。
永遠不要直接說出自己想要什麼，會是你的就會是你的。
學如逆水行舟，不進則退。
懶惰是萬惡之始。
最後，人還是只能靠自己。
人一不留意，就容易受騙上當。
先苦後樂。
人不應該因為自己的問題，給別人增加負擔。
不勞則無獲。
伴侶之間不能有祕密。
物以類聚。

滾石不生苔。

金屋銀屋，也比不上自己的狗窩。

正向思考。

會吵的小孩有糖吃。

施比受更有福。

知足常樂。

是我不夠好。

吃苦當吃補，不要動不動就唉唉叫。

驕兵必敗。

信念決定了我們的人生。

我們往往會深受這類的句子影響，完全沒意識到，這些句子可能只是別人隨口說說的胡言亂語而已。這些句子經常被存入我們的硬碟裡，還被多重加密，因此，我們會誤以為這些句子是無法動搖的客觀事實。

且讓我們看看陳述事實與信念之間的區別。舉例來說，「這本書有兩百八十八頁」是對事實的陳述，我們可以檢驗這項陳述是否正確；而像「人生艱苦，又不公平」這樣的句子則有所不同，你一定能為這句話，提出很多曾出現在自己人生中的證據（這絕不困難，因為你會依據自己的信念過生活），但它卻不是事實，因為你一定能遇見許多抱持相反意見的人。

這句話從屬的範疇是信念，而信念會因為定義不同，而有所變動，畢竟人總是喜歡相信自己屬意的事物。就連最後的那句「信念決定我們的人生」也只能算是一句信條，即便我個人對它深信不疑，但老實說，這句話並沒有科學根據。

還記得我在〈威爾伯的彩虹〉那節所提到的，丹麥物理學家波耳的話：「整個宇宙的設計是這樣的：正確意見的反面是錯誤的意見，但是真理的反面，可能正是另一項真理。」有些句子確實有對錯可言，但有些句子對我而言雖然正確，對其他人來說卻不盡然。

檢驗一下那些你深信不疑的金句吧，弄清楚它們究竟是對事實的陳述，或者其實屬於信念的範疇。這樣的檢驗至關重要，因為我們所堅信的信條影響深遠，既決定了我們的行為，也觸發我們對許多事的感受。

事實、詮釋、感受

這個世界的一部分是由事實所組成，而我們怎麼看待這個世界，也或多或少構成了這個世界。

奧地利的首都是維也納。這間房間有八張椅子。多瑙河是歐洲第二大河。本書有兩百八十八頁。你來得太晚了，沒趕上昨天的約會。

以上所說的都是對事實的陳述，這些語句因此是中立且「無辜」的。它們不包含任何評價、評論、貶低、歸咎、稱讚、批評，純粹只是在描述已經存在的事物。

但我們人類渴望意義，意圖解釋、評價一切，總是將事實穿透自己的解釋濾網，然後發送出去，於是乎，這些無辜的事實就忽然被賦予了意義。

本書有兩百八十八頁這件事實，你大可將其解釋為，作者是個懶惰鬼，所以只想寫一本篇幅不長的書。或者你也可以用相反的觀點來解釋，也許作者為這本書花了很多功夫，因為要做到「言簡意賅、字字珠璣」相當困難。

而昨天同事遲到這件事，我也可以解釋為，他對我們想討論的話題不感興趣。或者更嚴重：他對我不感興趣，看來他似乎不太喜歡我。好吧，我早就有這種感覺了。

像這樣自己編織出的詮釋會產生各種感受：同事昨天遲到了↓他不喜歡我↓我好委屈。

我們就這樣把事實轉化成感受，然後說：「你惹我生氣。」其實我們應該說的是：「你的言行舉止讓我以為，你故意惹我生氣。」我們會從對世界的各種感受之中，形塑出自己的信念體系，然後用相符的感受鞏固自己的信念體系，彷彿所有的感受皆與自己的信念體系互為表裡，相輔相成。然而，外在的事實儘管中立且無辜，卻相當彈性靈活，可以被重複解釋、使用，甚至被一一分類，塞進不同的抽屜。

組成這個世界的各種事件，其實往往是對我們的信念來說，意義深遠的事件。也因此，我們口中的「命運」，實際上也只是詮釋的結果而已。在最極端的例子中，我們甚至會死於這些詮釋，或拿這個詮釋來置別人於死地。

詮釋為我們帶來最激烈的後果，就是「衝動」。我們常常敗在衝動手上，就像我們無法招架自然之力一樣。

衝動不是自然法則

在情緒激動時，人總喜歡自我辯解，主張自己的反應合情合理，認為所有人都會如法泡製。容易衝動行事的人根本無法想像其他反應，因為在他心中用來待人處事的程式已經跑完了，這種人根本不會花時間停下來思考。容易意氣用事的人，是用一種源自遠古時期的「刺激—反應模式」來面對人生，而這種模式的即時性，會讓人產生一種「我別無選擇」的想像。也因為如此，那些特別容易腦充血的人，容易斷然認為自己一定是對的。越不會反思自己的人，對自己就越有把握。

接著，我們就會聽到「我沒辦法不扁他」、「一聽到這個，我當然只能跟蹤她啦」，「把他趕出去不是理所當然的事嗎」諸如此類的話。

然而，所謂的「當然」以及「理所當然」，只適用於會使用這些句子的人。對他們來說，這些事是「理所當然」的，因為他們心中的程式已經發佈了指令，而他們也只能遵照指令行動。信條先亮起綠燈，然後引發感覺，最後促成行為。

理論上，我們有千百種應對外在事物的方式，沒有人強迫我們該哭、該笑、該激動，或是該淡然以對。每個反應都是獨一無二、只專屬於我自己的反應。不會有人拿著一袋感受在外面跑來跑去，然後抓住那些感受四處大喊：「我有三公斤的憤怒，這給你，我現在就要把它掛在你身上。」沒有人有權把他的情感強加在別人身上，或剝奪他人的感受。

「未經我的同意，沒有人能讓我感到自卑。」前美國第一夫人愛蓮娜・羅斯福（Eleanor Roosevelt）曾說，而這個說法也適用於其他所有的感受。一旦我們的內在程式與信條不再適合自己，果斷捨棄它們，也是改變的藝術中重要的一環。

缺乏信念的信條，只不過就是一句話

信念體系是許多信條的總和。正如我們所見，信條承載了許多感情，對我們而言深具意義。是我們自己選擇了自己的信條，同時在找到信條的過程中逐漸形塑自己。但是，正如我們可以為自己裝載信條一般，我們也可以卸除它。不管在什麼時候，我們都可以把信條從自己的貨櫃裡丟掉。

缺乏信念的信條，就只不過是無關痛養的一句話而已。倘若某一句曾被我們遵奉的信條不再合用，我們就應該果斷丟棄它，讓它和這個世界上其他成千上萬的廢話一樣乏人問津。

信條並非神聖不可動搖

接下來，且讓我引介一些有用的方法，來擺脫對自己毫無用處的信條：

首先，請在情緒激動時，試著將讓自己情緒起伏的原因濃縮成一句話。

你一定曾碰過這樣的情況，一股衝動突然如爆炸般直衝腦門，令人難以忽視。舉例來說，有位太太曾對我說過：有次她正在廚房煮湯，先生突然進來，默默地嚐了一口湯後，便面無表情地離開了廚房。於是乎，這位太太突然一陣胃痛，心中忿忿不平。在那個剎那，她恨不得把那鍋湯往地上砸，然後放聲尖叫。

最常見的「解決方案」，是將這股怨氣與不幸的感覺歸咎他人，這是十分方便的做法，也是對這位太太來說（對其他所有人來說也是），最熟悉的辦法。她大可以指著先生的鼻子破口大罵，但她先生很有可能完全不懂她在氣什麼，還會回罵她潑婦。

但是，這位太太當時卻沒有這麼做，反而問自己，「到底發生了什麼事？為什麼我會如此忿忿不平呢？」我聽了也問她：「在那一刻，你覺得自己幾歲呢？」她想也不想地說當時她覺得自己好像是個被監督的七歲小女孩，先生的面無表情就像是在指責那鍋湯很難喝。但這些感受，其實都只是一種詮釋，卻會因此觸發爭吵。

在這高漲的情緒背後，潛藏著七歲小女孩的恐懼經驗：既害怕自己搞砸，也害怕受到懲罰。因此，在我們感覺一股衝動直衝腦門時，不妨問問自己「我現在覺得自己幾歲呢？」這能幫助我們平靜下來、好好思考。

這麼做的原因是，我們現在的所有情感，都源自於童年時期，在那個時候，我們還很脆弱，只能乖乖聽從爸媽的話。但別擔心，絕對不是只有你會這樣想，問自己「我現在幾歲呢？」可以帶我們回到根源，回到那個不快樂感覺的起始之初。

下一個任務是，用一句（或兩到三句）關鍵句說明，這高潮起伏的內心小劇場是怎麼發生的。只要能感受自己情緒起伏，。以這位太太為例，她的關鍵句子就是「我不夠好！」。

一旦找到關鍵句，就會發現，我們有很多方法，能讓自己擺脫這種衝動的情緒。首先，請清楚告訴自己：這只是一句話！只不過是隨處可見、普通至極的一句話。它不是海嘯、不是天譴、不是刑事法庭，更不是事實，只不過是縈繞在你腦中的，一句微不足道的話罷了。或許你對它深信不疑，但是一定有很多人認為它大錯特錯。

不妨試一次看看吧，把你所寫下的關鍵句翻轉過來。把關鍵句顛倒過來，會產生某種神奇的淨化魔力，與關鍵句相反的句子，就像人們多年來嚮往的獎牌背面一樣也是獎牌的一部分，獎牌背面和正面一樣有價值。

但有時候，關鍵句不只有一個相反句，把它們都記下來吧。「我不夠好」的反面可以是：「我很好，我就是我」、「我做的已經夠好了」、「人非聖賢孰能無過，所以犯錯是很自然的事」、「我就是我，我有被愛的權利」。你瞧，我們甚至能對關鍵句盡情地大作文章呢。把所有可能的相反句寫下，然後掛在顯眼的地方吧，比方說鏡子上，廚房或廁所。你必須認識、相信「另一種真相」。

可惜的是，這麼做並不能消除關鍵句所帶來的身體上的壓迫感。在這位太太的例子中，這樣的壓迫感就是胃痛。請找出「你的關鍵句」會影響身體哪個部位。令人不舒服的信條會產生負面的強烈厭迫感，在你身上某處一定感覺得到。請勇於去感受。大聲唸出這句話，然後用心感受自己身體的變化。請懷抱著對堅信關鍵句的心情（實際上你確實也是相信的），把關鍵句清楚地說出口，讓它徹底發酵。投入到關鍵句中，一頭栽進所引發的感受裡。我承認，這一定會讓人心情惡劣。但務必秉持深信不疑的態度，一次又一次地重複這句話，你一定能感受得到的！把這份壓迫感提升到你所能承受的極限。

接著，放肆尖叫、大鬧特鬧吧！搞破壞也沒關係。把累積的壓迫感釋放出去。

平靜下來之後，請做幾次深呼吸，對你的關鍵句說聲謝謝，然後向它道別。謝謝，我不再需要你了！可以放聲說出關鍵句，然後把它寫在一張紙上，撕毀丟掉。謝謝，你已經毫無用處了。請懷著平靜與愛和它告別，但務必要說出口。或許在人生裡，你會時常需要重複這個過程。

小結

人生可謂某種宗教信仰（「宗教」的拉丁文religio的意思是思考、考量、關心、思維方式，所以拉丁文裡的「無信仰者」（homo sine religione）指的是「沒有良心的人」）要能不斷反思，才能品嘗人生的滋味。但這並不代表，每個人都必須信教。

眾所皆知，即便是沒有宗教信仰的人，也能擁有美好的人生，他們同樣會反思，擁有自己的價值觀，也會對某些事深信不疑，即便相信這個世界不具有任何意義，也是一種信念。宗教信仰的範疇不需要科學根據，「思考人生」的結果因人而異。

對於這個世界的樣貌為何，為什麼會如此，又該怎麼發展，每個人可能都有不同的想法和結論，而我們思考的結果會衍生出自己的生活準則與行為方式。每個人所秉持的信仰或信念都自成一個體系，因此人們會採信那些適合自己、能幫助自己過得更好的想法。

然而，倘若不小心困在對自己毫無幫助的想法中，動彈不得時（例如：「我不值得這麼好的事」或「我不配擁有這個」），逃脫的方法即是重新選擇對我們而言合用的信條與想法，而找到它們最簡單的方式是：反轉那些毫無用處的話。

第
18
則

生命之屋

Das Haus des Lebens

如果想測試、衡量自己的信念，我們就必須仔細檢視它們。為此，我們需要拜訪一下信念所在之處。信念的所在地相當隱蔽，在日常生活中極難察覺，但我們會找到它，因為我們知道它就在那裡。

假設把人生看成一棟房子，檢視信念會變得簡單許多。

要踏進這棟擁有許多樓層的美麗豪宅，一定得從一樓的入口進入，而整棟房子的外觀和入口的設計，能讓人看出這棟房子的主人公是什麼類型的人。可能是擅於交際的人、顧家的人、富裕的享樂者、樂善好施的無神論者，或是富有環保意識的藝術家。建造房子所用的材料、照明、擺飾和陳設都是經過精心設計的。

位於一樓的大廳，通常是依照想呈現給別人看的形象所設計，畢竟總是有些東西最好不要公開。因此，一樓大廳可以說是美化過的、適合在大眾面前展示的公共領域。所有房子皆是如此。

前進到二樓並不困難，掛在二樓門口上的牌子是「工作」。這裡所有的設備與氛圍都是為了辦公而設計的，只是會依據主人的職業而有些差異。

二樓上方的三樓，是專屬家庭生活的樓層，必須和主人相識，才能進入這個樓層。一旦使用電梯到更上一層樓去，就會抵達休閒娛樂和嗜好的樓層，或許這棟房子還有義工服務的樓層也說不定。每棟房子的建造方式都不一樣，都有自己特別的樓層與獨一無二的配置。

假設有人問：「你過得如何？」其實應該依據各個樓層來回答：「在二樓，一切仍井然有序，三樓還算幸福洋溢。但如果是五樓的話，我會馬上跟你說，最好別出電梯，那裡還在施工，簡直一團混亂。」當然，我們並不會真的這麼鉅細靡遺地回答。回覆別人的方式幾乎是以一樓的客廳為準，在那裡，一切都是最好的，入口也是如此佈置：美觀、實用、賞心悅目。「謝謝，我過得不錯。」其實在上面的幾層樓裡，火災早就一發不可收拾，牆壁也斑駁崩落了。只有摯友和心理治療師才有機會一窺在華美大廳的上方，那些狹小陰暗的房間長什麼樣子。

在日常生活中，為了維護自己的生命之屋，我們總是在樓層間來回奔波，忙得不可開交，以致於經常忘記還有兩個房間存在。這兩間房間看似和忙碌的生活沒有直接關係，此外，因為生活總有優先順序，為了先把其他空間顧好，我們幾乎總是把這兩個房間拋諸腦後。

這兩個房間，就是閣樓和地下室。

生命之屋的閣樓

閣樓，是生命之屋往上開闢的空間，能保護我們不受從天而降的災害侵擾。沒有了閣樓，生命之屋就不算完整。在生命之屋的閣樓裡，堆了許多富含各種意義與價值的百寶箱，也藏了許多神明的畫像與神壇，還有各種真真假假的偶像以及被我們視為正確或錯誤的想法。

從被陳年放在閣樓，老舊脆弱的精裝書上可以讀到，我們是為了什麼努力地活著。閣樓裡裝的，是我們重視的價值與意義。可是在許多生命之屋的閣樓裡，卻佈滿蜘蛛網，還有一點霉味。因為日常生活太過忙碌，我們沒辦法經常來這裡清掃。

不過，我也見過許多常被巡視，打掃得乾乾淨淨，總是保持整齊清爽的閣樓。我個人一直努力不要因為忙碌的生活而忽視了閣樓，盡量保持閣樓通風乾燥，甚至還會把自己生命之屋的閣樓清理、佈置到可以招待客人的地步，也樂意帶友善的人到此參觀。不過，我的閣樓也不是一直如此整潔，即便是我，也是在傳統中長大成人，而這個社會的傳統卻老是反對我們質疑自己的價值觀。

改變藝術家會經常帶著掃把前往閣樓，他們會清掃聖像上的灰塵。每尊雕像、每一本書都是過去他親手放進閣樓裡的，而現在該好好一一檢視它們了。最快的清掃方法，就是執行下面這個練習，不妨馬上試試。

每一天，都是改變自己的練習

請拿出一張紙和一支筆，用直覺寫下你覺得富有價值的事物。現在就開始！

開啟閣樓的門，點亮閣樓裡的燈吧，這只需要短短十分鐘的時間。請列一張價值清單，只要是自認為有意義的事，全都可以寫下來。如果需要提示，我在這裡也列了一張價值清單，或許可以激發你的靈感：

自主權
友誼
獨立
自由
物質商品
人性
知識
公平
勇氣
和諧
熱情
名聲
快樂

美麗
影響力
智慧
活力
寬容
愛
可靠
權力
認可感
秩序
榮耀
關係
家庭

愛欲

安靜／穩定

健康

謹慎

自我實現

完成之後，就可以進行清理和分類了。請選出這個清單上，對你來說最具有價值的五個項目，然後把它們寫在另一張紙上。記得依照心中的優先順序寫，也就是說，最有價值的要放在第一位，第二重要的其次，以此類推。

現在，你手邊已經有一張「最有價值的前五名清單」。接下來，請你仔細地一項一項檢視，你在日常生活中實際上落實這些項目的程度如何。你可以為每一項價值打0到10的分數。0表示這個價值從沒有在你的生活中落實過，10表示你在生活中完全實現了這項價值。

舉例來說，如果在你的價值清單上「友誼」排行第一，但可能因為你最近在友誼上付出的心力不多，所以你自評只有5分。或者，在價值清單上的第二名是雖然是「愛」，但你卻給它打了滿分10分，諸如此類。

在認真為這份清單打分數之後，我的問題是：在你的「最有價值前五名清單」上，有沒有低於8分、甚至只有3分的項目呢？還是說在你的清單上，完全沒有低於3分的項目？

9和10分是很棒的分數。這代表這些價值完全體現在你的生活中。被評為7分和8分的項目我稱之為「被欣賞的價值」，我們雖然欣賞，卻沒有毫無保留地付諸心力。

被評為5到6分的價值堪稱岌岌可危。4分或4分以下的價值我稱為「已陷入昏迷的價值」，它們可以說根本已經名存實亡。

絕大多數和我一起進行這項練習的人，在這份價值清單上的某一項、或許多項的自評分數都頗為淒慘，大多落在0到5分之間。有些人簡直擁有價值的墳墓，心儀珍視的價值，全都不幸死於非命。這不是很令人震驚嗎？雖然知道在人生中自己重視什麼，卻同時承認，我們很少尊重、關注它，沒有花心思實現它、注意它，更沒有好好守護它。

怎麼會這樣呢？

有三種可能的原因。其一，我們所推崇的價值之所以獲得糟糕的分數，或許是因為魚與熊掌無法兼得。「友誼」有半年的停滯期，因為在這段時間裡，我們得先完成其他重要的短程任務，比方說寫書、照顧母親、或者在短期內令我們無法顧全友誼的事。儘管如此，我們卻心知肚明，自己一定會再次實踐自己推崇的價值。就像心理分析學家謝爾姆所寫的：「每一次有意義的犧牲，都是為達目標的必要舉動。」我們總在衡量、評定事情的輕重緩急，藉以衡量的天平會不斷被重複使用，畢竟我們不可能一口氣就完成所有事。

但如果低分的原因不是因為事有輕重緩急，就有可能是另一個比較複雜的原因造成的：或許，這份清單上的某一項價值的評比會這麼差，是因為它對寫下這份清單的人來說，其實根本不重要！至少這對他而言，不足以進入個人的前五名價值清單內。問題是：到底為什麼，這項價值會出現在清單中呢？如果其中一項價值對某人而言無關緊要，也得到相符的爛分數，那這個項目根本不該出現在前五名的清單內呀。它究竟為什麼會出現？

會有這種情形，一定是因為這項價值是從別人那裡繼承而來的，換言之，這是一項被誤會的價值，只是因為父母、老師或其他心目中的榜樣老是對它讚譽有加，我們才會想也不想，就把它列在自己的價值清單上。

「和諧」對我來說就是這樣的價值。和諧確實很重要，我也崇尚和諧，但我個人卻是因為在家人的耳濡目染下，才會認為和諧很重要。直到後來我才了解，和諧並不在我個人的前五名清單內。因此，我果斷將它剔除，放棄了「和諧」這個價值。完成這件事之後，我終於能夠踏出自己人生中，關鍵的改變的第一步。為了踏出這一步，首先必須好好面對、檢視自己身處的環境。把不屬於自己的事物清理掉，是一件相當美好的事。身為成年人，我應該自己作主的不只是自己身上的服裝，穿在心靈上的服裝也應該由自己來決定。

身為讀者的你，現在大概也在打掃、甚至是清理閣樓上的佛像、聖像。這些裱了金框的畫像是你自己的嗎？如果不是，就乾脆地把它丟進垃圾桶吧，為了真正屬於自己的事物，你需要騰出一些空間。

不過，有可能第二種原因也不符合你的情況。假設你寫下一個對自己來說極為重要的價值，卻評了很低的分數，但又堅持這項價值對自己來說舉足輕重，那麼還有一個可能的解釋：一旦有某種比自己更重要、更強大千百倍的力量干擾，我們就沒辦法履行對自己來說重要的事。在我們之中有某種東西，比我們自己的意志、信念還要更強大，此外，也因為這股力量無形且難以察覺，我們很難發現自己的人生已經深深地被它影響。

現在，是時候放手一搏，進入生命之屋的地下室一窺究竟了。

生命之屋的地下室

沒錯，除了閣樓以外，生命之屋也有地下室。生命之屋的地下室是個黑暗、令人不寒而慄的地方，比閣樓更讓人想逃避，因為在地下室躺著的是屍體、我們的陰暗面和人生中的黑歷史。

在寒冷的地下室裡堆疊著靈魂的棺木，靜置著我們的恐懼、隱藏的動機，沒有活躍過的人生。是的，在儲存倉裡，我們碰也沒碰過的器具旁邊，佇立著發霉的、未曾使用過的各種可能性。

除此之外，儲存倉裡還有一大堆裝滿垃圾的箱子，那是被別人棄置、扔在我們家門口的垃圾。而我們非但沒有遠離這些垃圾，還不假思索地一概收下，根本不知道該把它們堆在哪裡。有時，我們甚至還會把別人丟在家門口的劣質品掛在脖子上，誤以為那樣很適合自己。我們毫不猶豫地把這些沒價值的廢棄物帶回家，最後卻不知道該放在哪，只好全部堆在地下室裡，想著等有空時再來處理。

地下室毫無疑問是房子的基礎，能讓整棟房子屹立不搖，確保它不會在風雨中倒下。因此，生命之屋的地下室可謂自我的基礎。所有黑暗、死氣沉沉的事物，以及那些外人所棄置的垃圾，不單只是待在地下室裡而已，更是我們存在的基石。在設計得華美媚惑的一樓大廳正下方，躺著那些讓人難受的事物，但它們的確是我們生命之屋中最「深刻的真理」。

且讓我在這裡提供一個問題與一道練習。

首先是我誠摯希望你好好思考的問題：你的生命之屋一定有一道可供進出的門，能開啟這道門的把手在哪裡呢？是設置在屋內，因此必須先聽到屋外的門鈴聲，你才會允許外人進入嗎？或者，屋外就設有門把，門也沒有上鎖，所有人都能自由進出呢？你是否允許別人侵門踏戶，隨便攻擊、批評屋中的一切呢？其他人是否可以在未經詢問的情況下，就任意在你屋中留下自己必須找地方宣洩出來的東西？例如他的意見、評論、恐懼，或是令他感到痛苦的東西？是否只要外人從屋外扭轉門把，就能直接踏進你的生命之屋、在其中任意遊走？若是如此，又是哪些人可以這麼做呢？是所有人，還是只有某些特定的人？這些人可以在你的生命之屋裡亂闖亂逛，或是你只開放某些特定空間？某些特定的樓層是否已上了鎖呢？又或者，你會為所有人打開自己的大門嗎？

下面則是我希望你試試看的練習：

每一天，都是改變自己的練習

想像自己身處於一個夢幻般的狀態。

現在，不妨想像一下你認為最美好、最渴望的事，不論它是什麼都沒關係。也許是和教宗共進晚餐，成為凱蒂佩芮樂團中的一員，和兩位花美男同時進行一場戀愛冒險，把你的上司大罵一頓然後辭職，對某人直話直說，搖身一變成凱蒂佩芮，或者上述這些想法全部加起來也可以。

為了接下來能真正讀懂這本書想說的事，請先把這本書放在旁邊五分鐘，讓你的快樂盡情徜徉一番。然後，在做了一段時間的夢之後，再接著讀以下這個指示：

明確說出口，為什麼這些幻想不可能實現！

傾聽內心深處發出的聲音，務必集中注意力，認真聆聽。然後寫下那些突然從內心深處冒出來的句子：「這行不通，因為……」、「對、就是因為你！」、「永遠不要自以為是！」把這些呼籲記下來，它們就是來自地下室的聲音。這些要求與指令，比你自己的願望和夢想還悠久，也比你對自己的愛更悠久。

在你學會愛自己之前，這些聲音就已經存在了，它不斷灌輸你什麼事行不通、為什麼行不通，以及這些事永遠行不通的念頭。

然後呢？

放手吧！讓我們開始學習死亡。

第19則

生命就是學習死亡

Leben heißt sterben lernen

「死亡不是生命中的任何事件，」奧地利哲學家維根斯坦如此寫道，「人無法經歷死亡。」但這種說法，就像一條我們可以藏在裡面、藉以躲避死亡的哲學大浴巾——小孩就常常會玩藏在浴巾裡，假裝自己消失不見的遊戲。

然而，今時今日，死亡所呈現出來的模樣即是如此。「那些生前令人尊敬，但臨死前卻可憐兮兮、土匪似地要求要體面消失的將死之人，即便真的死了，卻幾乎不能說他已辭世。」法國哲學家暨作家辛格曾憤慨地寫道，「如果沒有守在將死之人的床邊，便不算真正告別。唯一會口耳相傳的描述，只有在病歷表上肉體的機能障礙，也就是奪去生命的生物學毛病……這非自願的詭異話語，在死亡這個重大事件發生前，拉開了心肌梗塞的帷幕。」這位癌症纏身的哲學家，用非常文學性的描述記錄了自己的死亡，這份紀錄則在她死後，以《一切皆是生命》（*Alles ist Leben*）為名出版。對她來說，死亡是生命裡最重大的事件。

我至今仍印象深刻，在我十四歲時，無法和深愛的奶奶告別，這曾令我痛苦不已。當時，我們驅車前往醫院，那是她被癌症侵蝕，皮膚逐漸發炎，在床上動彈不得的地方。那時，我強烈渴望見她一面，抱抱她。但我的父母卻勒令我在病房外等候。我聽見奶奶說：「哈洛德不該看見我現在這個樣子。」後來她把頭轉向我，我們的視線在那一瞬間交錯，這就是我和她的最後一面。接著，門就關上了。我不得不杵在門外。幾天之後，她就被安葬了。

這對我來說恐懼異常，但我恐懼的並非死亡本身，而是無法和她好好道別。當時，我感覺這項禁令侵害了我親眼目睹真相的權利。正如辛格所言：「所有的一切——不論是生老病死——都是孩子創造力不可或缺的養分。在大人教導前，其實孩子連厭惡的感覺都不懂。」

如果不願直視陰影，抗拒經歷死亡，我們的心靈便會變得空洞乏味。若是死亡不是人生的重要事件，那麼我們根本不可能和過去偏好的想法與習慣告別，也無法脫離對物質的欲望，更沒有機會重組自己的價值與信仰。

一則關於死亡的真實故事

在一間病房中，躺著一位瀕死的老太太。她的面容憔悴，氣若游絲。奈何橋就在不遠處。其他五位在場，與她年齡相仿的老太太，老是竊竊私語地討論她什麼時候會死。

就在某天晚上，這位將死的老太太突然開口說話，她喃喃自語，不斷重複自己所說的話。剛開始時，她的聲音微小到難以察覺，後來卻在整間病房中迴盪：「不。」她低聲地說著：「不」。

「不，不，不。」

她一遍一遍地重複。在那天晚上，起初她雖然有些膽怯，但後來卻頑固地從虛弱的嘴裡吐出一聲聲引人側目的「不」，儘管在那時，其實她的雙眼早已緊閉，再也睜不開了。

「不，不，不。」

她最後的精力都耗費在這個小小的單字上，持續了整晚。隔天早上，整間病房都被這個「不」字所縈繞。

一天就這麼過了。隔天晚上，「不，不，不」又再次迴盪在整間病房裡。其他在場的病人最初很震驚，後來卻轉為冷漠，最後開始有些憤怒。醫生和護士都不知道該怎麼辦才好，只能聳聳肩，就像在說：「一切都會結束的。」不然還能怎麼辦呢？

隔天清晨，隔壁床的病友起身，悄悄走近瀕臨死亡的老太太的床邊，當時「不，不，不」的聲音依舊不絕於耳，但她卻溫柔地把嘴巴湊近雙眼緊閉的老太太耳邊，說：「好。」

接著再一次地說了：「好。」「好，好，好。」

她日以繼夜地重複這個字，其他人雖然好奇，卻也不插手，只是靜靜看著。在第三個夜晚，變化默默發生了。這位曾不斷說不的老太太突然說道：「不，不，好，不，不，好。」

隔天早上，居然變成「好，好，不，好」。到了晚上，救贖終於降臨。老太太氣喘吁吁，幾乎是帶著興奮地說著：「好，好，好！」在接近午夜時，她終於得到了救贖，在最後一聲「好」之後，一切平靜了下來。

在我們終於能對改變與過渡期無條件說「好」的那一刻，生命會變得較為簡單一些。但倘若我們始終堅決說不，反抗到底，那麼一切會難上加難，甚至讓人感到十分痛苦。

在人生裡，最令人痛苦不堪的不是放手，而是絕不放手的執著。

預先思考死亡，能帶給我們自由

早在維根斯坦之前，就有另一位哲學家散播了和他截然不同的死亡觀，主張人生在世，就該時時思考生命的終點。「倘若我們畏懼死亡，它就會引發永無止盡的折磨。」在十六世紀時，法國哲學家蒙田就曾表示，「人生的最終目標即是死亡。」因此，我們都應該要練習死亡，畢竟一切終究都朝死亡前進。

蒙田曾提議，一定要把死亡手中最強的王牌——恐懼感——搶過來！換言之，要讓自己漸漸習慣思考、談論死亡，甚至嘗試經歷各種「小型的死亡」，「既然無法確定死亡在哪裡等著我們，那就讓我們把死亡看做是無所不在吧！預先思考死亡，等於是在預先思考自由。只要學會死亡，心靈便不再受到奴役。」

與莎士比亞同代的詩人約翰・鄧恩（John Donne）曾在他獻給戀人的情詩

〈歌〉（Song）寫道，他總藉由與戀人分離來練習死亡，由於自己是終將一死的凡人，因此這樣的練習十分恰當：「畢竟我終有一天也會死亡，所以應該用這種較為輕鬆的方式練習死亡。」在這首詩的另一段中，鄧恩提醒我們：「人類的力量是多麼渺小：人無法延長時間，也無法讓已逝的事物重現。」所以我們只能好好活在當下，透過在人生路上刻意路過死亡的方式，不斷練習死亡。

唯有了解死亡，才能好好活著！只有當我們能選擇放下，讓一切順應自然時，才能掙脫束縛，充分享受生命。

倘若我們不能真心誠意地對放手說「好！」，就算再怎麼想改變自己，也會流於不了了之。正如法文俗諺所說的：「越是反覆無常之人，越是無法改變任何事。」換言之，越是想掌控一切、因而執著於改變的人，越是在原地打轉。如果我們奮力改變自己，卻只是在竭盡全力原地打轉，會發生什麼事呢？

我們最終只會筋疲力竭，卻一成不變。

每一天，都是改變自己的練習

且讓我在這裡提供你一個練習，這個練習能一針見血地說明，死亡能帶來多大的生命力。你一定會喜歡這個練習：和你愛的人、或你愛慕已久的人上床。彷彿是最後一次，付出你所有的愛，彷彿在這之後，你就會遠走高飛一樣，像沒有明天般那樣去愛。不妨試試看吧，然後檢視一下，這對你產生了什麼作用。

能夠思量死亡的人，才能愛得深刻。每一次深情注視，每一次愛撫，會越來越扣人心弦，每個彼此觸碰的瞬間都那麼讓人歡喜。我們應該在每次做愛時都預想自己的死亡。在法文中，高潮被稱為「小死亡」，確實有其微妙的意義。

活在當下！

能學會死亡，就能擁有不被奴役的心靈。

蘋果創辦人賈伯斯對這項有力的看法也深感認同。在他還年輕時就洞見癥結：「最好把每一天都當做人生的最後一天來過，因為總有一天，死亡的確會降臨。」這確實是無法撼動的事實，賈伯斯更從中推論出：「從此以後，我每天早上在照鏡子時，都會問自己：如果這是我人生的最後一天，我還會想做今天要做的事嗎？如果答案是不，我就會知道自己應該要有所改變。羞恥和恐懼也會消失無蹤，因為在死亡面前，沒有什麼可失去的。」

只要想像當下是人生的最後一刻，我們的一舉一動都會變得更好。所以，不妨時時想像今天是人生的最後一天。在面臨抉擇時，在事關重大卻猶豫不決時，都可以仿效賈伯斯的方式：想像自己正要執行人生最後一項任務。在瀕臨死亡之際，每個人都會展現最率真的一面，因為在那一刻，所有的束縛或壓迫都無關緊要，重要的只有真理與自由。

蒙田也提醒我們：「生命的價值不在於長短，而在於怎麼度過。」而生命，即是學習死亡。

因此，請把死亡當做是你最忠實、最真誠的顧問。你的最佳顧問絕不是這本書，不是我，也不是任何一位心理治療師——沒有人的建議會像死亡能給你的一樣中肯。請把死亡視作身邊的教練吧。

每逢有意義重大的事發生，不妨捫心自問：「如果這是我人生的最後一天，我會怎麼做？」

每一天，都是改變自己的練習

接下來這個練習的目的，是為了讓我們學會怎麼經歷改變前的過渡期。所以，不妨馬上著手試試吧。不過，這個練習可能沒有之前的練習那麼有趣：

想像一下，你的手機響了起來。你把這本書擱置一旁，拿起手機——嗯，陌生的號碼——但你還是接起電話。

一個溫柔甜美的聲音叫著你的名字，然後繼續說：「嘿，是我。你知道我是誰。我有個重要的訊息要告訴你。三個小時後你會吸進最後一口空氣，也就是說三個小時後你就死了。到時見！」

接著，在手機突然逼逼響了幾聲後，通話就斷了。你心中有某種強烈的感覺，知道這絕不是在開玩笑。接著，你看了一下時鐘，現在幾點了？嗯，三個小時。接下來怎麼辦呢？請把手上的這本書放在旁邊，然後在腦子裡模擬一下這個狀況。就是現在，在你現在身處的情境下，你接到這通電話。

接下來你想做什麼呢？把心中所想的寫下來吧。

第
20
則

直達目標的蜿蜒道路

Der direkte Umweg zum Ziel

頓悟之道

西元八五四年，臨濟成為中國滹沱河畔一間寺廟的住持，就此聲名遠播。他的禪宗思想也傳播到了日本，他的流派在當地被稱為臨濟宗，後來更流傳到歐洲來。[10]且讓我在這裡分享兩個臨濟的故事，不過這兩個故事其實彼此相關，所以我會用自己的話將它們綜合在一起說。

一天，有位和尚來找臨濟，說自己已經在這間寺廟待了很久，或許住持已經有所察覺，知道他是整間寺廟裡數一數二好學的弟子，而他來訪的原因很單純，就是想知道最快悟道的方式，住持鐵定知道該怎麼做。

接著，房間內一片靜寂，瀰漫著一股肅穆的氣氛，住持與他好學的弟子只是互看不語。在敞開的窗戶下，可以感受到天色漸漸亮了起來。突然間，住持賞了那弟子一記耳光，清脆的巴掌聲響徹了整座寺廟。

弟子驚慌失措地從地上爬起來，完全一頭霧水。他以為，住持沒聽清楚他說的話，或許是時間太早了，住持根本還沒清醒，又或許是他自己沒把話說清楚，於是他提高音量再次說道：「方丈，不好意思，可能有什麼誤會。我和在這裡所有的修行之人一樣，一心追求佛法，而我只不過是想知道通往佛法的捷徑而已。」

這一次沒有間隔太久，弟子又挨了一巴掌，而且這次的力度並不亞於第一次。這回弟子不發一語，踉蹌地從眾人面前離開，和往常一樣和大夥一起進行日常修行。

這其中一定有什麼誤會，弟子思索著。他下定決心，一定要讓方丈了解自己的意思，他只是想知道通往佛法的捷徑而已，這不是人之常情嗎。隔天早上，他抱著這個念頭又去找了住持，但連話都還沒說出口，又在迅雷不及掩耳之際被賞了一巴掌。就在他狼狽地努力站起來時，才恍然大悟：原來頓悟之道沒有捷徑！

就在同一天，寺裡流傳著，有一位聲名遠播的睿智之人會光臨這座寺廟。中午過後，這位名人確實抵達寺廟，並受到盛情款待。但他卻謙虛地婉拒鋪張的款待，說自己不值得尊敬，因為他仍未頓悟佛法。

「怎麼會呢？」眾僧驚訝地問，他們是那麼景仰這位名人。他回答，自己不值得尊敬，因為他已靜坐冥思了數千年，卻仍未修成正果。「數千年？」眾僧問。「對，數千年！」

「沒錯。」臨濟說，「確實如此。這可憐之人未能修成正果，因為他孜孜不倦地追尋佛法。靜坐冥思數千年沒辦法幫助我們修成正果，因為頓悟距離我們只有一臂之遙。」

於是，他們懷抱著謙卑與尊敬，也帶著些許憂傷接待了這位客人。

我們能從中學到的是：這個世界沒有捷徑。我們必須一路走下去：找到改變之門，遇見守衛，追問自己會對什麼熱血沸騰，審視心中的信念。破壞，坦然接受死亡。不過：這整條路並不長。目標距離我們並不遠，這比我們想像中更簡單。

只要能了解死亡的本質，認知到應該坦然接受死亡，我們就不會飛蛾撲火般向新事物橫衝直撞，反而會靠自己選擇自己的路，我稱這條路為「通往目標的蜿蜒之路」。

這條蜿蜒之路會帶領我們離開過去的習慣，但也會讓我們暫且遠離目標，循著這條路走，首先會抵達的其實是虛無，虛無雖然並非抉擇中的選項，但在虛無中，我們能找到最純粹的創造力。

放下

唯有放下，嶄新的事物才有可能出現。不過，放下可不是丟下，對於再也不想要的事物，我們可不是像丟下燙手山芋那樣丟棄它，而是應該要像和好友告別一樣，好好地和它說再見。畢竟我們曾經安置、接納、保存、維護它，它也是自我、以及自我理解的一部分。因此，沒有理由該像兇手迅速埋受害者那樣，只是急於讓它消失。

放手也是一種完成。大自然也教導我們，沒辦法食用或過熟的果子絕非毫無用處——它們會被土壤吸收，成為嶄新事物的種子。死亡的痛苦會轉化為分娩的痛苦，舊事物的灰燼裡，能生出新的事物。

放手是一種相當玄妙卻重要的練習。最好的練習方式，大概就是清理自己的住家和地下室，此外，最好在清理的過程中，仔細檢查每件物品，好好衡量它的價值：這是什麼東西？這東西是從哪裡來的？我還需要它嗎？

一旦成功完成大掃除，就可以開始清理自己心中的地下室，把每一塊進入心靈與自己精神世界的回憶捧在手上端詳：這是什麼？從何而來？我還需要它嗎？

放下自己不再需要的事物，其實就是放下「我需要它」或是「認為自己需要它」的念頭。在沉浸愛河時，人們總會說：「我需要你！」認為這句話表示深情，但其實這是個陷阱。一旦把需要說出口，我們就讓自己和對方掉入了情緒勒索的陷阱裡，在其中動彈不得，被緊緊束縛。我需要這間房子，這輛車，這個東西，還需要你！我們每個人都是深陷情網的羅密歐與茱麗葉，儘管今時今日，我們的戀情不再是因為敵對的家庭而告吹，但我們的戀情卻依然一敗塗地，失敗的原因正是因為無法放手，就像謝爾姆所說的：「在舉雙手贊成互相結合後，我們卻慘敗於拒絕一起改變。」

放手是改變自己不可或缺的一環。在上一個章節裡請你做的死亡練習，你進行的情況如何呢？若是能認真對待那項練習，就會發現，它不可思議地發人省思。我們會藉此認知到，根據「遊戲規則」人生所剩的三小時根本不夠用，所有未完成的事、還沒解決的問題、尚未結清的帳單會像喪禮上的眼淚般沒完沒了地出現。我個人在那項練習裡第一個冒出的念頭是：至少要再見我女兒一面。接下來我卻想起：為什麼呢？我該對她說的，不是早就告訴過她了嗎？

這就是死亡練習教我們的事。它清清楚楚地展示出，我們還有什麼事該完成，同時也告訴我們，在臨終前，即便再後悔莫及，一切卻早已時已晚。所以，還在等什麼呢？現在就去完成該做的事吧！

澳洲的護士布朗妮．維爾（Bronnie Ware）多來來陪伴過許多臨終者，後來將自己的經歷撰寫成《你遇見的，都是貴人》（*The Top Five Regrets of The Dying* 直譯為「臨終者最常後悔的五件事」）這本書，從中可以發現臨終者最想做的不是購物、跳傘，或是其他類似的花招。

最讓人遺憾的是，從未過過自己的人生、沒有追求幸福、後悔沒有更努力維繫友誼。「很多人常認為自己別無選擇，但是人生確實建立在選擇上：所有人隨時隨地都在這個與那個之間抉擇。」維爾這麼寫道。改變自己的藝術也應該被即時學習。維爾所描述的是切切實實的死亡處境，與其相比，在這本書裡的只不過是無傷大雅的練習而已。

因此，改變藝術家會心甘情願放下他過去刻骨銘心的愛，對改變的浪潮抱持開放的態度。有時，他們曾經放手的事物，會加倍回到自己身邊，而這正是因為他們並不強求，能坦然放手。這看似矛盾的論點，只有經歷過放手、並度過隨之而來的寧靜與混亂的人，才能加以領會。

走入寧靜

一旦我們真正放手——在沒有緊急逃生門或安全網的前提下——寧靜、遼闊與無限性便會浮現。放手之後，改變之旅就進入下一個階段，這個階段就像旅人踏上聖雅各之路的感覺一樣。

在聖雅各之路上，有一段名為「神祕死亡」的路線，在這段路上，一望無際，沒有任何引人注目的東西。崇尚聖雅各之路的德國作家沃格勒（Michael Vogler）曾這麼描述這段路：

> 地平線無限延展，在一片遼闊蒼茫之中，只有一條路。沒有什麼能令目光停留。夏日裡，草木枯黃，地面則乾枯泛白。所有的一切看起來槁木死灰，不過空氣卻是乾燥而清新的。視線所及之處無邊無際，沒有什麼能令人目不轉睛。在這樣的景色中，偶爾才能看到孤立的樹木。人們也許會心想，或許在十分鐘後就能抵達那棵樹，但實際上，在走了一個小時後，周圍的視野卻幾乎沒有什麼不同。因為除了清澈的空氣以外，根本沒有什麼標的物能讓人判斷自己是不是在移動。

在這樣的風景裡，一切都濃縮成極少的事物。溫暖的日光，徐徐的微風，鳴叫的蟋蟀。除了微風、蟋蟀、自己的步履與心跳聲外，沒有任何其他聲音。特別是在夏日裡，沿路只有乾枯的草木，以及無盡的麥田。

這條路線將近二百公里長。這一村與下一村之間的距離極為遙遠，也就是說，大部分的時間，行者都是孤獨的。陪伴自己的唯有太陽以及自身的步伐，除此之外，就是孤身一人。在一成不變的景色中，沒有任何事物能使人從這單調中抽離。

在這段路上，幾乎每個朝聖者最後都會達到精神的極限。總會有那麼一刻，他會自問這一切究竟是怎麼回事，自己又為什麼會在這裡，甚至會懷疑，究竟能不能離開這枯燥的景色。

在許多文學作品與文獻中，這個階段通常不會被多加著墨，但是若沒有這個階段，就不會有任何改變，也無法真正理解，生命中重要的究竟是什麼。[11]

唯有真正放下，才能走入無法被事先規劃的寧靜。我們之所以會放手，是因為按照原本的樣子再也行不通，因此逼不得已得進入另外一種茫然的狀態。逼迫自己進入一種不知所措的狀態，的確不是件輕鬆的事，畢竟人都喜歡保有掌控權，都希望一旦失去了某個東西，馬上就能有另一個東西取而代之。

然而，在這兩者之間確實有一段無法掌控的過渡期。在這或長或短的混亂時期裡，身處其中的我們根本不知道接下來會發生什麼事。儘管已穿越了改變之門，離開了過去熟悉的環境，卻仍未踏入嶄新的空間。

這是恰巧位於門檻中間的過渡期，彷彿身處無人之境。待在這種灰色地帶的時間可能只有一瞬間，也或許會長達一年。這樣的時刻，宛如馬戲團的空中飛人在鞦韆與鞦韆之間的滯空跳躍。

寧靜與混亂

這曖昧不明灰色地帶，正是介於一團混亂與僵化秩序之間的過渡期。法國生物學家侯斯奈（Joël de Rosnay）認為，我們應該接受，如此模糊不清、瀕臨混亂的過渡狀態，正是生命長期的處境，因為不論我們的意願為何，生命始終都在動盪與僵硬的秩序之間擺盪。我們必須在混亂無序的錫拉女妖與僵化保守的卡力布狄斯女妖這兩者中取得平衡點。12

在這段過渡期裡——也就是雖然放了手，卻還沒得到任何東西，手上仍空無一物的時刻——什麼都有可能發生，這是能讓我們了解自己深層內在的絕佳時機。外界嘈雜的噪音與自己混亂的思緒常常來攪局，因此我們幾乎無法聽見位於內心深處最誠摯的聲音。因此：不妨讓我們為自己最睿智的心靈深處清出空間，側耳傾聽它發出的旋律吧。我們直覺感到該消失的東西，就好好地放下吧。

尼采曾指出：「已經倒的，應把它推落。」總有那麼一刻，在真心想要改變自己時，我們勢必得下定決心，勇敢把倒下的事物推落懸崖，讓它粉身碎骨。倘若舊的事物仍保有清晰的輪廓，那麼新的事物便無法成形。

只有舊事物終於靜下來，安然入土後，才能完成自己最後的任務——成為新事物的養分。

順其自然

第三個步驟是新生。

和坦然接受死亡與進入寧靜的感受一樣，這個步驟也需要泰然自若的態度。

從寧靜中走出來後，可沒辦法風馳電掣地衝刺。沒有哪個剛結束一週齋戒、或是完成其他方式修行的人，會想立刻接上緊湊的行程。齋戒剛結束後的第一天，絲毫不會想馬上大啖油膩的肥肉或肉丸子，而休假後的隔天，也沒辦法立即坐在螢幕前工作十二小時。所有身心的一切都讓這些無法實行——精神、身體，以及被淨化的心靈。有時候，我們甚至沒辦法再回到過去的自己，蝴蝶的基因已經佔了壓倒性的上風。

嶄新的事物逐漸成形。此時我們該做的，就是順其自然地接受它。正如以色列哲學家布伯（Martin Buber）所描述的那般：「側耳聆聽正在轉變的事。」藉由放手與寧靜，我們對嶄新的事物已張開雙臂，就像準備好接收信號的雷達。

此時此刻，已不再需要主動做些什麼，只需靜待蝴蝶破繭而出。

正如里爾克寫給年輕詩人卡布斯（Franz Xaver Kappus）信中的一首無名詩中所云：

我們應該要放手，
讓事物順其自然地發展，
這樣的發展是由事物本身而生
請不要逼迫它
或者加以催促，
一切皆被孕育著，
然後誕生……
如同樹木那般生長，
樹木可不會逼迫自己滋生新芽
只是安靜地佇立在春天的疾風中，
毫不憂心夏天是否會接著來臨。
夏天確實會降臨！
然而，只有耐心者能迎接它，
耐心者一直靜待著

彷彿永恆就在它們身邊，
它們無憂無慮，悄然等待……
我們應該擁有耐心
即便心中有尚未解決之事，
卻嘗試著，對這些問題懷抱著善意
好比上鎖的房間，
或者用異鄉語言書寫的書籍。
重點是，要充分享受生活。
一旦和問題好好相處，
或許就能在生活中漸漸遺忘問題，
在遙遠未來的某天，
便能走進答案裡。

每一天，都是改變自己的練習

下面這些練習能幫助我們學習放手、走入寧靜，讓一切順其自然：最好把放手化為一種必要的儀式。

請把需要放手的事物寫在一張紙條上，然後把它燒掉。在這個過程中，務必仔細地斟酌、緩慢地進行，讓自己投入在這種「火葬」的氛圍中。請在火盆裡生火，或者，如果沒有火盆，在桌上以鮮花或其他材料、特殊圖案佈置一個小區域。然後點一根蠟燭。如果必須放下的不只一件事，那麼請分開寫在別的紙條上。

不要急於把紙條一下子就燒完。在燃燒那些紙條時，務必再次仔細端詳，對過去發生的這些事心存感激：它們曾經是你人生中的一部分，構成了你的生活，也曾因為某個原因，對你來說至關緊要。在燃燒它們之前，說聲謝謝吧。

然後，許下改變自己的願望。記得，這把火並不是要把你的過去燒毀或吞噬。這把火燒盡了些什麼，但一定也帶來某些東西——灰燼。灰燼是新事物的肥料。這樣的過程正是改變的本質：舊的事物有所轉變，而新的事物則從中產生。

不過，不是每個人都適合用火來進行這場儀式。當然，我們也必須小心火燭（記得一定要在進行燃燒儀式的地方旁邊放一桶水，這樣你才能在緊急時把火撲滅）。也可以摺幾艘小紙船，然後把這些紙條放上小船，順流而下，象徵隨著生命之河流逝。或者，也可以把這些紙條埋起來，藉此當成新事物的肥料。在斯里蘭卡，人們會故意把舊的東西放進椰子裡，然後用力把椰子丟下山崖，象徵逝者已逝。

當然，也可以發想自己特別的儀式，並請重複這樣的儀式。我曾經和許多人一起在冬至時進行類似的燃燒儀式，但也曾獨自進行，無論如何，這樣的燃燒儀式我重複過無數次了。每一次進行儀式，都能興起我們想改變自己的念頭，也能幫助我們漸漸熟悉放手的感覺。

接著，就可以投身寧靜了。

在上述的改變儀式過後，請進入寧靜的狀態一個小時。試著讓寧靜成為生活的一部分。每個月選一天來當「寧靜之日」吧，在這一天裡，從起床到上床睡覺，都不要開口講話，也盡可能遠離電視、手遊或網路。

如果能和伴侶約定，在這天一起安靜生活，「寧靜之日」會發揮特別強的效力。試著和伴侶一起遠程散步，在到達目的地前，都不要開口說話。

練習順其自然最好的方式，就是讓自己嚇一跳。

例如，去一場完全不知道在幹嘛的音樂會，換言之，在去之前你根本不知道哪個樂團會登場，也不清楚他們會玩什麼樂器。或者，隨意驅車前往或近或遠的陌生地點，最好是從沒去過，也沒查過資料，不知道那裡有（或沒有）什麼的地方。到那裡去散散步、參觀當地的博物館或途經的建築物。

也可以把想做的事情，一件一件寫在紙條上，然後放進一個盒子裡。並在下次休假時隨意抽出一張紙條，從事寫在紙條上的活動。對了，務必要放張「什麼都不做」的紙條在盒子裡。

第
21
則

我怎麼知道自己已經改變了？

Woran merke ich, dass ich mich verändert habe

「這就像看電影看到最後，卻只等到開放式的結局，」在一次研討會上，有位參與者失望地說，「為什麼只能順其自然呢？誰知道事情會怎麼發展呢？」

老實說，我也不知道。

我並不是在為個別的人生寫劇本。改變總是涉及一個過程，在這個過程中，我們在自己的生命之屋繞來繞去，仔細衡量自己深信的信條，穿梭在閣樓與地下室之間，不停清理打掃。而這個過程，或許就如同實際清掃環境一般，永遠沒有完成的一天。清掃整理，是必須費盡一生的過程。實際打掃環境與改變自己的差別只在於，在改變自己時，我們清掃的對象是自己的生命與意識，而生命這項功課，只有在死後才會結束。

提問者繼續固執地問：「那要怎麼知道自己已經改變了呢？」

我當時心想，該怎麼回答呢？經過一番思考，我注意到：我們常常沒意識到發生什麼事。不過總有那麼一天，我們會想到：「看吧，一年前這個情況讓我困擾不已，但現在我已經完全無所謂了。」這就是答案。改變時常在不經意的時候默默發生，在當下往往不會注意到，直到回顧這件事時，才有所發現。

一開始，改變往往在不知不覺間默默發生，後來才突然冒出來。「對改變不知不覺」是一種潛伏期，在這段期間雖然看似風平浪靜，但事實上早就豬羊變色，只是難以察覺而已，而我們之所以毫無感覺，是因為改變往往是緩緩地滲透到日常生活裡。我們能感覺得到的，往往只有自己的急躁不安。

接著，在電光火石間，改變突然出現，令我們震驚不已。然而，這卻是到目前為止所有微乎其微的每一步，累積而成的合理結果。改變不是「突然」發生，而是早就在那裡了。會覺得突然，是因為我們的視線，是我們在突然間，才辨識出嶄新的、不一樣的事物。

在生命中的某一刻，我們也會注意到：雖然事情看起來很相似，卻不是一模一樣。和上次相比，這次我處理得更好了，注意到更多進一步的細節，因此事情處理起來也較為得心應手。我並不是在原地打轉，而是螺旋式地在進步。

有時候，我們會像靈修智慧大師奧修所描述的那般，感受到改變正在發生：「此時此刻，你已經是另外一個人了。你感覺自己提昇到另一個境界，不管你做什麼，都已經和過去截然不同了。」

經濟學家夏莫（Claus Otto Scharmer）曾嘗試描述這種自我突破的狀態：「個人的能量與專注力是可以提昇的。若是能加以提昇，就能幫助我們找到自己更深層的真實存在。如此一來，便能更了解自己未來的方向。」

或許，總體而言，我們可以說改變的感覺是種有點難熬、卻又混雜些許興奮的感覺。這讓人感到和自己原本習慣的世界格格不入，彷彿自己正在蛻變，就像蛇褪去太緊的老皮一樣，在一番掙扎後，終於離開常軌，獲得新的定位。

夏莫把改變的過程稱為「剝離了舊的軀殼」以及「開闢了未來豐富的可能性」，這個過程確實會讓人有些痛苦，悶悶不樂。舊事物從身上剝離的確令人隱隱作痛，但能和新事物有所連接，卻也讓人興高采烈。

不過，其實我無法鉅細靡遺回答這個問題。我想反問閱讀這本書的你，親愛的讀者們：

你要從何處著手，察覺自己已經有所改變了呢？[13]

只要有辦法回答這個問題，就知道該怎麼觀察自己的變化。

每一天，都是改變自己的練習

剛剛的問題可以立即成為一項練習。試著想一想：你怎麼知道自己已經完成目標了呢？從哪些細節，可以辨識出目標已成功達成？達成目標的感覺如何？

此外，試著想像一下，你渴望已久的新環境大概會是什麼樣子，在其中你又會有什麼感受？找到這種感覺後，最好時時回想這種感覺，這會是一條連接你和自己最有可能發生的美好未來的線。藉由這個練習，你就能一嚐自己嚮往的未來的滋味，就像到服飾店試穿衣服一樣。

試著感受、體驗一下嶄新的事物吧。

第22則

國王的尊嚴

Königswürde

在我的人生裡，親身體驗過千百次死亡，渴望過改變，也曾因為改變飽受折磨。

有時候，轉變就像蘇格蘭天空中的雲層一樣瞬息萬變。

有時，我感覺自己彷彿正緊抓著生命之河河畔旁懸掛的樹枝，只能祈禱自己能撐過去。有時，我就像在急流中勇往直前，對眼前瀑布發出的巨大聲響感到莫名興奮，接著，就在瀑布逐漸對我造成威脅後，雖然竭盡全力想划到岸邊，卻為時已晚，我就這麼被推到未知之境。

好奇、快樂、畏懼、抗拒——這些刺激起伏的情緒我都經歷過。我喜歡享受生活，企圖了解生活的各種面向，但這其實為我帶來了不少危機。儘管有時的確會對自己興起的波瀾起伏感到厭倦，我還是很少停下來享受平淡。不過，對這樣的自己與生活，我還是難免感到訝異。

在我的人生中，我學著相信不可能，學著信任生命自然的發展，正如德國自然療法醫師林道（Veit Lindou）所寫的：「我認為一切都有可能發生，但並不盲從。」

我在奧地利的艾夏爾堡（Schloss Eschelberg）寫下這本書，這是個美麗、寧靜、療癒的地方，環境與生活條件都相當舒適。我和我的人生伴侶、也就是第二任妻子維若妮卡在這裡工作、生活。我們在這裡的生活相當孤獨。每當傍晚時分，我拿著沉重的鐵製鑰匙鎖門時，街道上早已空無一人，只有穿梭在屋頂上的貂和紅隼還在出沒。清晨，溫暖的粉紅色陽光會灑落在窗前的宮廷式庭院上，鄰近的小溪晝夜不息地發出潺潺的流水聲。

這天堂般的處所並不屬於我。我可沒有位住在美國、能送我大筆財產的叔叔，也沒有中樂透頭獎。我並不相信樂透這種東西。我相信的是，世界正是我們眼見的那個樣子。我也相信，未來能化不可能為可能。我和我的伴侶一起想像最美好的未來，把自己的想像寫下、畫在紙上，將其裱框、掛起來，不斷在生活中提醒自己。

然後，我們為此著手做了些事。我們思索著：身邊有沒有人認識某個擁有莊園或城堡的人。我們下功夫研究，參觀了許多房子，最後維若妮卡寫了一封關鍵的信。正因如此，我現在才在這裡。或許不能永遠留在這裡，但是此時此刻，我確實在這裡生活。

這是個再尋常不過的奇蹟！生命中充滿了這樣的奇蹟。並且，還有千百個尚未被發掘的奇蹟，這些奇蹟不曾被夢想，沒人認為可以實現，也不被追求。但它們確實存在，就像在樹上等人摘採的成熟果實，只是沒有人走近，將它們摘下。

國王的贈禮

且讓我告訴你另一個故事。

這個故事的主角，是位想法獨到的國王，他想找出最適合繼承王國的人。國王自己年歲已高，子女對治理國家興趣缺缺，除此之外，坦白說，他也認為自己的子女不適合做一國之首。

於是，他吩咐使者四處公告，在下個週日，只要自認為適合接掌王國的人，都能來參加宮廷裡的宴席。所有人都可以在王宮裡自由參觀。接著，那些準備好的人必須申請晉見國王，國王會按照申請的順序晉見他們，然後一一和個別的候選人會談。這個宴席沒有任何附加條件或限制，不論男女都能參加。

聽到這個消息，全國的子民們都大吃一驚。在週日降臨時，許多人選擇待在家裡，因為他們不敢相信這個消息，認定自己一定沒有資格參加。不過，也有很多人動身前往城堡，親身體驗王宮有多金碧輝煌。

宮廷奴僕首先請他們進入更衣室，伺候他們沐浴、使用上等的精油，最後換上由絨布、絲線製成的高貴華服。雖然在宴會結束後，必須歸還這些衣物，但是裝在小瓶子裡的高級香精，他們可以視為自己的物品帶走。參加這場饗宴的人欣喜若狂，沉浸在華美與撲鼻的香氣中。

被請到宴會大廳時，他們簡直喜不自勝。他們被告知，如果在晉見之前有食欲的話，可以先用些餐點；倘若不餓也沒關係，國王已經抵達，奴僕會立刻依序帶領他們到國王所在之處。啊，他們當然想先吃飯啊，餐桌上有山雞、高級香草，更多是眾人從未見識過的珍饈佳餚，香味四溢，讓人口水直流。就連王宮地窖裡珍藏的美酒佳釀也任君品嘗。人們驚呼連連，紛紛找位子坐下。

大家心中油然而生的喜悅難以言喻，「這真是太幸福了！」其中一位平民想。有人則喊道：「國王萬歲！」然後幫自己再倒了一杯酒。另一位女士則向奴僕招招手，對他說：「我想要這道菜的食譜。」

宴席的氣氛很快就嗨到了最高點。宮廷廚房裡不斷送出各色美味，酒窖裡也不停端出各式醇酒，有些人就拿著烈酒和蛋糕，站在花園裡談天說地。過了一會兒，他們便躺在池塘邊的草地上，沒想到，這時竟然還出現了吟遊詩人為他們吟唱歌謠，噴泉後還有音樂家在演奏豎琴。

另外一些人則沉浸在圖書館裡，訝異國王的圖書館裡，竟然有這麼多睿智又有趣的書籍。「每一本都值得擁有啊。」有人笑著說，旁邊有人回答：「的確如此。」另一位女士則說：「如果是我，就會頒佈一條法律，讓大家都能讀到這些書。」其他人點點頭，抿了一口杯中的飲料。

時間漸漸晚了，夕陽染紅了城堡裡的池塘。「時間已經不多，國王已等候許久。」奴僕警告那些精疲力竭、醉醺醺，甚至幾乎不省人事的民眾。一聽到這個消息，眾人紛紛在自己的袋子裡塞滿食物和酒，卸下身上的華服，換回老舊的工作服或一般市民的服裝，迅速抓起還拿得動的東西，搖搖晃晃地走出城堡，各自回到自己原本的家。

在回家的路上，他們簡直無法相信自己的好狗運，竟然能享受如此美妙的一天。

在夜晚降臨後，城堡漸漸安靜了下來。一位大臣率先打開了國王的房門，發現這位一國之首正在房裡煩躁地踱步。國王一邊詢問他現在的情況，一邊用他金色的權仗敲著桌子。

「所有人都離開了。」大臣回答。

「難道沒有人因為想繼承我的王位、統治這個國家，所以迫不及待要和我見面嗎？」國王問。

「是有人這麼想，」大臣認為，「我想，他們之中是有人想繼承王位的，只是他們一時忘了。」

「那些精油、醇酒、精美的擺設和重看不重用的小玩意，就滿足他們了嗎？」國王相當驚訝。

「恐怕的確如此，」大臣回話，「王宮的香氣和華美的擺設分散了他們的注意力。」

「滿足於這些重看不重用的東西的人，根本沒有國王的尊嚴。」國王說。

改變十大金句

Verwandlung in Kürze

每個人天天都在面臨抉擇，究竟是要追逐國王的尊嚴，還是該讓自己的蝴蝶羽翼展翅，或者，是否已經做好充足的準備，接納生命中的一切，並為之竭盡心力。置身天堂並非難以實現的奇蹟，只關乎一個決定。

且讓我在這裡為改變自己的旅程，提供一些分量不多、容易消化的開胃菜。這些你已經在這本書裡見過的開胃菜，能刺激我們改變自己的胃口。不過，我在這裡會再加上一些前面沒有的香料，增添一些風味。不妨把它視為幫助我們改變自己的快速選單。

未來不是被延長的過去

逝者已矣，來者猶可追。

正如哲學大師波伯（Karl Popper）所指出的：「未來不是被延長的過去。」沒有人逼迫你今天一定要重複昨天做過的事。生命其實一直發生在同一個場域：當下。

「當下即永恆。」靈修智慧大師奧修如是說。

人無法改變自己的行為，但可以改變自己的信念

最常見的錯誤就是：試圖在行為層次做改變。

「從明天起，我會換個方式！」別再這樣想了！這行不通的！

請找到行為的根源，找尋自己的價值觀與信條吧。找出自己為什麼會這麼做，在我們行為的背後，一定藏著某句信條，請找出觸發行為的關鍵句，然後將它反轉過來，試著相信關鍵句的相反句也是一種改變小技巧。

信念並非無法撼動的自然法則——我們是可以自由選擇的

你說你無法輕易改變自己的信條？為什麼不行呢？

從英國的人生教練暨暢銷作家亞爾達（Arjuna Ardagh）那裡，我曾聽說過這個問題：「如果在一間餐廳的菜單上發現自己的信條，你會當眾選擇它嗎？你會將它推薦給自己的親友嗎？你是否曾經立誓要堅持這個信念，或是和某人約定過，要對這個信條至死不渝呢？」

更為尖銳的問題是：倘若會嚴重影響自己小孩的人生，你是否能立即停止吸

菸／喝酒？你會為了幾根香菸／幾瓶酒／某種思考方式或信念，犧牲自己孩子（或朋友）的生命嗎？雖然這只是理論層次的問題，但還是能發人深省。

精力隨著注意力而來

只要能集中注意力，精力也會跟著出現。

如果只關注那些行不通的事，精力也會耗費在那些行不通的事情上，最後一事無成。

試著把注意力放在會讓人愉快以及美麗的事物上吧。關注那些美好、有價值、你真正想望的事物！

理解隨著改變而來

許多人在行動前會想先了解行動背後的意義。他們認為，在著手改變某個系統之前，得先對它有深入的了解才行。

但實際上，只有真正開始改變，才有可能了解整個系統的運作方式。小孩老是在拆解物品，這可不是只是在玩耍而已。所以，請不要浪費時間與心力在枯坐冥想伴侶關係、家人、公司或國家為何，而是快點著手改變些什麼吧，只要著手改變，就能開始理解其中的道理。

這也適用於探尋自我。如果想了解自己，請開始改變自己。改變自己能幫助我們越來越了解自己。改變是自我認識最好的方式。反之，如果堅持故步自封，不僅無聊，更容易徒勞無功。

改變需要改變作為起點

如果我們不做任何改變，事情怎麼可能有所不同呢？千里之行，始於足下。嶄新的髮型、不同的環境、飲食、場景、人物、關係，不管是什麼，再微小的事都可以成為新的開始。

請勇於嘗試改變，讓改變自己成真。

小心自己的靈魂伴侶

和擁有與自己相似的價值觀與自我評價的人相處，是件格外讓人愉快的事，因為我們都在尋找「靈魂伴侶」。但若想改變自己，這卻會是致命的危機。

軟弱會追求軟弱，平庸會接近平庸，認為自己無法獨力成事的人，周遭通常也是抱持相同看法的人。物以類聚，請特別留意自己的靈魂伴侶，在身邊的靈魂伴侶可能只會讓你依然故我。

熊熊燃燒的是你的眉毛，還是你炙熱的心？

在事態已是燃眉之急時，我們被迫得展開行動，因為無法繼續往原本的方向前進，改變勢在必行。

但在這樣的情況下，我們所擁有的選項少之又少。沒辦法擁有各式各樣的選擇，相當令人惋惜。

所以，最好能即時發現自己的心為了什麼而炙熱、興奮，請邁向會讓你熱血沸騰的事物吧。如果是炙熱的心促成改變，就能擁有更多樣化的選擇，也會讓我們在改變的路上更快樂。

恐懼成長

我們往往畏懼自己內心深處的想法和陰暗面，有時甚至害怕突破自己、不相信自己有美麗的地方、不認為自己有能力有天分，然後假裝這種恐懼和膽怯不會影響自己的人生。

但我們真的想在害怕自己的情況下過生活嗎？我們真的想在自然療法醫師林道口中的「溫室般的平庸」中度過一生嗎？如果只是一味自卑、認定自己做不到，那麼這個世界就會是一片黑暗。

請努力尋找自己的天職，不要永遠只為錢工作。天職絕不只是閒暇的興趣而已，而是一份值得全心全意投入的工作。「做對你來說有益的事，否則你對任何人都沒有益處。」美國知名歌手比利・喬（Billy Joel）這樣唱道。

走向寧靜

一個人到山林小屋去，一個人度假，獨自齋戒一週。

重點是一個人！獨處至少一星期吧。

不要把休息和時下流行的「健康生活」混為一談。在異國歌曲背景音下，品嘗全素的精力湯或耍一些只是和日常生活不同的花招，充其量只是另一種風情的狂歡派對罷了。

我們需要的是簡化，把各種生活需求簡化到幾乎歸零的地步！走向寧靜吧。

面對死亡

請完成你的遺囑，安排好需要被安排的事。

練習死亡，學習和周遭的環境與親友告別，彷彿最後一面般和他們說再見。

把臨終前該完成的事好好完成，努力去做那些在人生的最後關頭，會想做的事，並且，像最後一次談戀愛那樣去愛吧。

然後，現在……好好過生活！

延伸閱讀

以下這些作品，在我少年時期時，教會了我許多關於生命與改變的事：

——Woody Allen, Zelig, Film von Woody Allen, 1983

——Michael Ende, Die unendliche Geschichte, Thienemann, Stuttgart 1979

——Hermann Hesse, Der Steppenwolf, suhrkamp, Frankfurt 1976

——Franz Kafka, Vor dem Gesetz, in: Das Urteil und andere Erzählungen, Fischer, Frankfurt 1952/1994

——Erwin Wickert, Der Klassenaufsatz, Reclam, Stuttgart 1974

在我的人生裡，哲學一直陪伴我走過位於盲目信仰和純粹理性之間，那條並不狹窄的道路。

——Kwame Anthony Appiah, Der Kosmopolit ｜ Philosophie des Weltbürgertums, Verlag C.H.Beck, München, 2007

——Rolf Dobelli, Die Kunst des klaren Denkens, dtv, München 2014

——Heinz von Foerster, Der Anfang von Himmel und Erde hat keinen Namen, Kadmos Verlag, Berlin 2002

——Heraklit, in: Bertrand Russell, Philosophie des Abendlandes (siehe dort) Harald Koisser und Eugen Maria Schulak, Wenn Eros uns den Kopf verdreht, Orac Verlag, Wien 2005

——Harald Koisser, Warum es uns so schlecht geht, obwohl es uns so gut geht, Orac Verlag, Wien 2009

——Michel de Montaigne, Philosophieren heißt sterben lernen, in: Essais, Erstes Buch, dtv, München 1998

——Friedrich Nietzsche, Jenseits von Gut und Böse, insel taschenbuch, Frankfurt 1984

——Karl Popper, Die offene Gesellschaft und ihre Feinde, Band 1 und 2, Mohr Siebeck Verlag, Tübingen,8.Auflage 2003

——Richard David Precht, Wer bin ich und wenn ja, wie viele?, Goldmann, München 2007

——Bertrand Russell, Philosophie des Abendlandes, Europaverlag, Müünchen/ Wien 1997

——Christiane Singer,Alles ist Leben | Letzte Fragmente einer langen Reise, btb, München 2011

——Christiane Singer, Zeiten des Lebens (Von der Lust sich zu wandeln), Literareon München/Editions Albin Michel Paris 1983

眾所皆知，蘇格拉底自己並沒有留下作品，最能讓我們認識他的作品是：

——Bertrand Russell, Philosophie des Abendlandes (siehe dort)

——Luciano de Creszenco, Geschichte der griechischen Philosophie, Diogenes Verlag,

Zürich 1990
——Diogenes Laertius, Leben und Meinungen berühmter Philosophen (verfasst im 3. Jh.), Meiner-Verlag, Hamburg 1998

我對詩情有獨鍾。在簡短的詩句中，往往蘊含比厚重的精裝書更深刻的見解。正如尼采所言：「在格律這輛馬車上，詩人雀躍地駕馭著他的思想。」

——John Donne, Alchemie der Liebe, Diogenes, Zürich 2004
——Friedrich Nietzsche, Gedichte, Reclam, Stuttgart 1999
——Rainer Maria Rilke, Die Gedichte, Insel Verlag, Frankfurt ∕ Leipzig 2006

心理學、意識研究、自救、醫學等領域的書籍：

——Arjuna Ardagh, Besser als Sex ，Die ekstatische Kunst des Erwachens Coaching, Eigenverlag Erwachentraining Deutschland, Frankfurt 2013
——Nathaniel Branden, Die sechs Säulen des Selbstwertgefühls, Piper, München 1995

——Steve Jobs, Stanford Commencement Speech 2005, youtube.com Rudolf Kapellner, div. Vorträge, persönlicher Mailverkehr, http://www.akademie-bewusstseinsforschung.at/

——Christiane Northrup, Frauenkörper, Frauenweisheit, Zabert Sandmann Verlag, München 1994/1998

——Claus Otto Scharmer, Theorie der Zukunft der Zukunft, Carl-Auer Verlag, Heidelberg 2009

——Peter Schellenbaum, Das Nein in der Liebe, dtv, München 2011 Michael Vogler, Der Jakobsweg als mystischer Lehrpfad, Vortrag vom 23. Nov. 2004 in Tulln

——Ken Wilber, Spektrum des Bewusstseins, Rowohlt, Reinbek 1991

——Veit Lindau, Seelengevögelt，Manifest für das Leben, Life Trust Verlag (Eigenverlag von Veit Lindau), ohne Jahresangabe

生物學與科學相關書籍：

——Hans-Peter Dürr, Lieben statt Begreifen (2012) und zwei Jahre im Leben des

Lebendigen (2014), zwei Interviews im Magazin (www.wirks.at)

——Hans-Peter Dürr, Geist, Kosmos und Physik, Crotona Verlag, Amerang 2010

——Norie Huddle, Schmetterling (Ein kleines Märchen der großen Transformation), erschienen im Eigenverlag der Autorin als illustriertes Kinderbuch, http://www.butterflyblessings.net

——Gerald Hüther, Biologie der Angst, Vandenhoeck & Ruprecht, Göttingen 2014

——Joël de Rosnay, Homo symbioticus, Gerling Akademie Verlag, München 1997

靈修的相關書籍：

——Osho, Das Buch der Geheimnisse, Arkana Verlag, München 2009

——Shulazi, Morgengespräche im Kloster des Abtes Linji, Bacopa Verlag, Schiedlberg 2003

註釋

1.「率真總是被過度推崇。」在一次演講中，人生教練暨暢銷作家亞爾達（Arjuna Ardagh）曾幽默地這麼說。人們常說，率真就是做自己。這麼說來，在整部戲裡完全融入角色的西力確實是個率真的人。但是，我們難道會想仿效他嗎？在心理治療裡，常使用「一致性」來取代「率真」，一致性指的是一種和真實的自己達成共識、互相契合的能力。看起來，一致性涉及的層面更深，也能夠和隱藏在表面上的自我之下的某種東西相互關連。或許可以說，一致性攸關的是我們的生命力吧。

2. Nach: Zukunft entsteht aus Krise, S.237-238. Nicanor Perlas im Gespräch mit Geseko v. Lüpke; http//www.zukunftsraum.at/2010/08/soziale-transformation-vom-schmetterling-zur-raupe/

3. »Eros-So ein Theater oder Eine ganz normale Affäre«, Premiere im Restaurant Marx in Wien/Erdberg, Frühjahr 2006

4. 對恐懼會引發的生理反應有興趣的讀者，可以參閱胥特二〇〇四年所出版的書Biologie der Angst。

5.熱忱（Enthusiasmus）的拉丁文原意指的是：在神之中。

6.一天思考一次平常不敢思考的事，是改寫了愛因斯坦的一句話。他認為，優秀的科學家應該一天思考一次那些和同事相反的見解。

7.當然，緊張的狀態也有可能促使人捨棄願景，屈於現狀。人們總會退卻、讓步：「如果我……，其實也就夠了吧。」於是，願景會越縮越小，最後小到甚至看不見。若是如此，張力與差距確實都會消失無蹤，然而卻不是因為創造力，而是因為我們軟弱無力。

8.出自於戒酒互助會著名的十二項守則方案。

9.出自：Heinz von Foerster, Der Anfang von Himmel und Erde hat keinen Namen, Berlin 2002, hintere Umschlagseite

10.多虧有了匈牙利的拉茲落．沙利（László Sári），因為他將臨濟的伙伴三聖慧然（Shulazi）所編寫的《臨濟錄》譯成匈牙利文，臨濟的思想才能傳入我們的文化圈裡。（Shulazi, Morgengespräche, Bacopa Verlag, Schiedlberg/Örsterrreich）

11.Michael Vogler, Der Jakobsweg als mystischer Lehrpfad, Vortrag vom 23.Nov.2004 in Tulln

12.錫拉女妖和卡利布狄斯女妖是海上的兩個怪物。奧德修斯的六名船員為了躲避卡利布狄斯女妖，卻被錫拉女妖吞噬。「在錫拉女妖與卡力布狄斯女妖之間」如今意指進退兩難的處境——一旦避開其中之一，可能就得面對另一個困難。

13.這個問題是心理治療師夏策（Steve de Schazer）最著名的「神奇提問」。

國家圖書館出版品預行編目資料

改變自己的藝術：22則讓生命轉彎的哲學練習題/哈洛德．柯依瑟爾（Harald Koisser）原著；莊雅棉翻譯. -- 初版. -- 臺北市：商周出版：家庭傳媒城邦分公司發行, 2019.01
面；　公分

譯自：*Die Kunst, sich zu verändern*

ISBN 978-986-477-596-5（平裝）

1. 人生哲學 2. 生活指導

191.9　　107021778

改變自己的藝術：22則讓生命轉彎的哲學練習題

原著書名／*Die Kunst, sich zu verändern*
作　　者／哈洛德．柯依瑟爾（Harald Koisser）
譯　　者／莊雅棉
企劃選書／賴芊曄
責任編輯／賴芊曄

版　　權／林心紅
行銷業務／李衍逸、黃崇華
總 編 輯／楊如玉
總 經 理／彭之琬
發 行 人／何飛鵬
法律顧問／元禾法律事務所 王子文律師
出　　版／商周出版
台北市104民生東路二段141號9樓
電話：(02) 25007008　傳眞：(02)25007759
E-mail：bwp.service@cite.com.tw
Blog：http://bwp25007008.pixnet.net/blog
發　　行／英屬蓋曼群島商家庭傳媒股份有限公司城邦分公司
台北市中山區民生東路二段141號2樓
書虫客服服務專線：(02)25007718；(02)25007719
服務時間：週一至週五上午09:30-12:00；下午13:30-17:00
24小時傳眞專線：(02)25001990；(02)25001991
劃撥帳號：19863813；戶名：書虫股份有限公司
讀者服務信箱：service@readingclub.com.tw
城邦讀書花園：www.cite.com.tw
香港發行所／城邦（香港）出版集團有限公司
香港灣仔駱克道193號東超商業中心1樓
E-mail：hkcite@biznetvigator.com
電話：(852) 25086231 傳眞：(852) 25789337
馬新發行所／城邦（馬新）出版集團【Cite (M) Sdn. Bhd.】
41, Jalan Radin Anum, Bandar Baru Sri Petaling,
57000 Kuala Lumpur, Malaysia.
Tel: (603) 90578822　Fax: (603) 90576622
Email: cite@cite.com.my

封面設計／謝佳穎
排　　版／極翔企業有限公司
印　　刷／韋懋實業有限公司
經 銷 商／聯合發行股份有限公司
電話：(02) 2917-8022　Fax: (02) 2911-0053
地址：新北市231新店區寶橋路235巷6弄6號2樓

■ 2019年（民108）1月初版
定價360元

Printed in Taiwan

Original title: *Die Kunst, sich zu verändern*

城邦讀書花園
www.cite.com.tw

ISBN 978-986-477-596-5

商周出版

廣　告　回　函
北區郵政管理登記證
北臺字第000791號
郵資已付，免貼郵票

104　台北市民生東路二段141號2樓

英屬蓋曼群島商家庭傳媒股份有限公司城邦分公司　收

請沿虛線對摺，謝謝！

商周出版

書號：BP6029　　書名：改變自己的藝術　　編碼：

請於此處用膠水黏貼

商周出版

讀者回函卡

感謝您購買我們出版的書籍！請費心填寫此回函卡，我們將不定期寄上城邦集團最新的出版訊息。

不定期好禮相贈！
立即加入：商周出版
Facebook 粉絲團

姓名：________________________ 性別：☐男　☐女

生日：西元__________年__________月__________日

地址：________________________

聯絡電話：________________ 傳真：________________

E-mail ：

學歷：☐ 1. 小學 ☐ 2. 國中 ☐ 3. 高中 ☐ 4. 大學 ☐ 5. 研究所以上

職業：☐ 1. 學生 ☐ 2. 軍公教 ☐ 3. 服務 ☐ 4. 金融 ☐ 5. 製造 ☐ 6. 資訊
☐ 7. 傳播 ☐ 8. 自由業 ☐ 9. 農漁牧 ☐ 10. 家管 ☐ 11. 退休
☐ 12. 其他________________

您從何種方式得知本書消息？

☐ 1. 書店 ☐ 2. 網路 ☐ 3. 報紙 ☐ 4. 雜誌 ☐ 5. 廣播 ☐ 6. 電視
☐ 7. 親友推薦 ☐ 8. 其他________________

您通常以何種方式購書？

☐ 1. 書店 ☐ 2. 網路 ☐ 3. 傳真訂購 ☐ 4. 郵局劃撥 ☐ 5. 其他________

您喜歡閱讀那些類別的書籍？

☐ 1. 財經商業 ☐ 2. 自然科學 ☐ 3. 歷史 ☐ 4. 法律 ☐ 5. 文學
☐ 6. 休閒旅遊 ☐ 7. 小說 ☐ 8. 人物傳記 ☐ 9. 生活、勵志 ☐ 10. 其他

對我們的建議：________________________

____

____

【為提供訂購、行銷、客戶管理或其他合於營業登記項目或章程所定業務之目的，城邦出版人集團（即英屬蓋曼群島商家庭傳媒（股）公司城邦分公司、城邦文化事業（股）公司），於本集團之營運期間及地區內，將以電郵、傳真、電話、簡訊、郵寄或其他公告方式利用您提供之資料（資料類別：C001、C002、C003、C011 等）。利用對象除本集團外，亦可能包括相關服務的協力機構。如您有依個資法第三條或其他需服務之處，得致電本公司客服中心電話 02-25007718 請求協助。相關資料如為非必要項目，不提供亦不影響您的權益。】

1.C001 辨識個人者：如消費者之姓名、地址、電話、電子郵件等資訊。
2.C002 辨識財務者：如信用卡或轉帳帳戶資訊。
3.C003 政府資料中之辨識者：如身分證字號或護照號碼（外國人）。
4.C011 個人描述：如性別、國籍、出生年月日。

請於此處用膠水黏貼